U0833499

莫听穿林打叶声，
何妨吟啸且徐行。
竹杖芒鞋轻胜马，
谁怕？一蓑烟雨任平生。

料峭春风吹酒醒，
微冷，山头斜照却相迎。
回首向来萧瑟处，
归去，也无风雨也无晴。

苏轼《定风波》

给　林山木

五常学经济

张五常经典作品系列

神州增订版

张五常 著

中信出版集团 · 北京

图书在版编目（CIP）数据

五常学经济 / 张五常著. -- 2 版. -- 北京：中信出版社，2017.12 (2025.7重印)
ISBN 978-7-5086-6765-2

Ⅰ. ①五… Ⅱ. ①张… Ⅲ. ①经济学－文集 Ⅳ. ① F0-53

中国版本图书馆 CIP 数据核字 (2016) 第 235543 号

五常学经济

著　　者：张五常
出版发行：中信出版集团股份有限公司
（北京市朝阳区东三环北路 27 号嘉铭中心　邮编　100020）
承 印 者：北京盛通印刷股份有限公司

开　　本：880mm×1230mm　1/32　　印　　张：8　　字　　数：109 千字
版　　次：2017 年 12 月第 2 版　　印　　次：2025 年 7 月第 7 次印刷
书　　号：ISBN 978-7-5086-6765-2
定　　价：38.00 元

版权所有 · 侵权必究
如有印刷、装订问题，本公司负责调换。
服务热线：400-600-8099
投稿邮箱：author@citicpub.com

目录

神州增订版序

《五常学经济》这本书有机会在神州大地以简体字面市，我当然高兴。教育工作近半个世纪，老了，说说个人的求学经历，为的是要对同学们说：“这是一个老人家曾经走过的求学的路，走到尽头了，你们来日方长，要怎样走不妨参考一下吧。”不要仿效，要考虑与衡量。

整理自己的平生论著，数量多，两间出版社与几位朋友拔刀相助还是搞得手忙脚乱，只起步几个月就计划有变。《五常学经济》这本书原来是《经济解释》的“卷四”，计划中分析货币及宏观的会是“卷五”。但最近编好的题为《货币战略论》的那本厚厚的文章结集，自觉满意，性质与格局却跟《经济解释》的前三卷很不相同。于是决定把

《货币战略论》独立，不论卷数。这样一来，卷四的《五常学经济》变得像离群之马。我于是决定把这后者也独立起来，分而拆之，再不是《经济解释》的卷四。《五常学经济》的“神州增订版”补加了一章《老师布鲁纳》，对我的求学历程有一个比较完整的回顾。

《经济解释》这个名目，一些同学被弄得天旋地转。三卷本的《经济解释》是：卷一、《科学说需求》；卷二、《供应的行为》；卷三、《制度的选择》。这三卷本我会在明年开始大兴土木地全面修改。另一方面，我的英语论文结集用上的书名是 *Economic Explanation*，又是“经济解释”。这名目起自一九八八年我在《香港经济日报》动笔写上述三卷本时用的，因为母亲的病停了下来，二〇〇〇年在《苹果日报》再写。不久前听说一位旧学生又用《经济解释》为名写专栏，功力有别（一笑），不会引起混淆。一些朋友几次建议用《经济解释》作为刊物之名，也有建议以之为名搞一个学会。老人家没有魄力再大搞什么，但认为约束于心平气和的“解释”，愈多愈好。

做学生时读过穆勒（J. S. Mill）的自传，写他的求学过程，对我有深远的影响。也曾经读过J.

Watson 写他和 F. Crick 发现 DNA 双螺旋结构的过程故事，频呼精彩，认为是一本非读不可的书。我这本《五常学经济》无意仿效，但今天回顾觉得性质与上述的前辈之作类同。

可能因为“现身说法”有较大的感染力，作者自述的求学或追求真理的文字可以发挥很大的教育作用。前辈无疑可以，作为后辈我也有机会吧。

张五常

二〇〇九年十一月

原序

几个月前，在人杰地灵的杭州与一些才俊聊天，一位来自浙江大学的邀请我到那里讲话。正要推却，想到一件事，立刻答应，建议讲题：“经济学要怎样学才对”。这“变卦”起于科斯的要求。九十五岁的科斯认为西方的经济学发展入了歧途，两次要求我在神州推广他和我喜欢的经济学，鼓吹经济学回复到亚当·斯密的传统去。

我也不年轻。此序发表那天七十一岁了，不可能再有什么大作为。然而，同学一般知道我是谁，就是把愤青算进去，天时地利看来不怎么样，人和却占了先机。希望一丝，动起笔来龙精虎猛，潇洒利落，思路纵横（一笑）。

浙江大学讲话后，朋友相约到中原走走，我

破例地毛遂自荐，提议那里的大学邀请我讲话。于是在西安交通大学与郑州大学以同一题目讲了。没有准备，三次的内容略有不同。我跟着综合整理，补充不少，分五期发表，用心地写了一万三千多字。

在写《经济学要怎样学才对》的过程中，想到一件事，愈想愈对。那是我发表过的关于自己求学的文章，有连贯性，加起来，编排得好会有一个很理想的整体。这些年同学们认为我写求学的文字最可读，但他们投诉，说零散地发表，分开来读，不够过瘾。同学说，连贯地读，我的求学经历让他们有“惊涛裂岸”的感受。没有刻意地这样写，但自己的求学历程仿佛坐过山车，不寻常。

跟叶海旋商量了一阵，大家同意如下的次序安排很称意。结集书名《五常学经济》，分六章：一、求学奇遇记（十一期，〇五年发表）；二、老师的启发——阿尔钦（六期，九〇年发表）；三、老师的启发——赫舒拉发（四期，九〇年发表）；四、《佃农理论》的前因后果（十期，〇〇年发表）；五、我是怎样研究经济的（三期，〇五年发表）；六、经济学要怎样学才对（五期，〇六年发表）。（编按：“神州增订版”补加一章《老师布鲁纳》。）

上述的安排，编辑整理后，加上小标题，反复重读，觉得是一本完整的求学传记。是的，我认为就是自己刻意地整本从头写到尾，不会写得那么好。这是因为每一章（每一系列）是自己当时有感而发，思想集中，坦白直说。一次过地动笔写不出现有的焦点来。现有的是经过十六年的分段集中，其间作者的年纪有变，感受有别，而这里那里免不了有点重复，但刻画得深，波涛起伏足够。我想到穆勒的自传名著，也是写自己求学的经历。天才我不及他，但经历的变化他不及我。论可读性，我应该占优。更重要的是他是天才，我不是。穆勒的求学法门是天才的专利，没有谁可以学。我的法门可以学，虽然走过千山万水，崎岖不平，但这里那里有些憩息之所，同学们细想一下，多多少少会得到一些好处吧。

这就带来另一个有趣的决定。不少同学认为，读我的求学经验，会较为容易明白我在经济学上的思维。最近几位读者说，读了《经济学要怎样学才对》，使他（她）们对我那三卷本的《经济解释》的理解有明显的帮助——其中一位甚至说使他豁然开朗。

《信报》林山木屡次要求我写“自传”，却之不恭，但写不出来。《五常学经济》是另一种自传，大可鱼目混珠。就把这本结集献给山木吧。

张五常

二〇〇六年十二月一日

就是在华英的最后一年中，小六的吕老师给我指出一线生机。一天他带我到校园静寂之处，坐下来，说：“我不管你的行为，不知怎样管才对，因为我没有遇到过像你这样的学生。你脑中想的脱离了同学，也脱离了老师，层面不同，有谁可以教你呢？我教不来，只希望你不要管他人怎样说，好自为之，将来在学问上你会走得很远，远过所有我认识的人。”

第一章：求学奇遇记

《张五常英语论文选》的序言

（发表于二〇〇五年六月十六日
至二〇〇五年八月二十五日）

先说的话

自己的英语论文结集的编辑与校对工作做得七七八八了。消息传来，科斯（R. H. Coase）已为这结集写好了“前言”的初稿。本来是要写“导言”（introduction）的，但他对助手说我的好些文章不容易一下子消化，改为写“前言”（foreword）。我搞不清楚导言、前言、序言（preface）与序词（prologue）有什么分别——这种古怪学问友侪中可能只有张滔才知道。科斯是我认识的最传统的英国绅士，当然知道，但我不便提问。我的意识是导言长一点，前言短一点，只此而已。九十四岁的科斯还在细读我昔日的文章，几番与助手研讨，对我来说，无论他为我写什么都是一字千金，感激无限，于愿已足矣！

这结集的正文长达八百页。少写英语文章被朋友骂了数十年，竟然那样洋洋大观，应该气杀巴泽尔（Yoram Barzel）！是《佃农理论》一书之外的可以拿出来表演一下的英语论著。有两篇太短，科斯建议拿开。有两篇发表过的因为包括在一篇没有发表过的长文之内，取后一者而弃前二者。有两篇题材一样，长短不同，都发表过，舍短留长。除此之外，一篇内文重复前文的一部分，删除一节。这样处理，不同文章的思维还有不少重复的地方。不精简删改，因为看似重复，其实每次重复都加了一点变化，读者按注脚说明的日期分先后，可以跟踪作者的思维发展。除了这些，原文一律保留，就是今天认为应该修改的也保留不改。一篇写于一九八八年，介绍弗里德曼（Milton Friedman）学说的，找不到文稿，成为漏网之鱼，沧海遗珠也。最可惜是二十多年前替石油公司做顾问时写下的两英寸厚的研究报告，阿尔钦（Armen A. Alchian）认为是我的平生代表作，是雇主之物，不能发表。

学问这回事，一个人穷毕生之力，所得甚少。但少少的新意，只要有重量，大可勒碑志之。是的，思想可以比万里长城有更顽固的存在性。我是个讲究说明影响我的思想来源的人，有些朋友说我“感谢”得太过分了。但我总是觉得有少许关联还是大方一点为上。可惜四十七岁后，文章写好我懒得自己引经据典，只请同事或助手替我填补有关的文章注脚，到后来索性天马行空，连注脚也懒得下了。

这本文章结集的英文名目是*Economic Explanation: Selected Papers of Steven N. S. Cheung*。中文附题不敢再用“经济解释”，只是《张五常英语论文选》。有个中文附题是因为举世选修经济的中国同学多，赚不赚钱也希望多卖几本。目前的计划，是先在香港出本地版，继而出神州简体版，以后有机会才杀到西方去。

二〇〇〇年六月我在香港重印《佃农理论》的英语原作时，在《壹周刊》一连写了十期（二万多字）的一个题为《佃农理论的前因后果》的中文长序，回顾该论著创作时的前前后后的思维。据说这篇长序在网上转载无数次。英文中序无疑是个新发明，但反应实在好，后来华中的张培刚大哥重印他的获奖博士论文，也仿效了我，以中文写一个“来龙去脉”的长序。是的，学术思想的回顾，总有好些夸夸其谈的话要说。科斯、施蒂格勒（G. J. Stigler）、巴泽尔等朋友也如此这般地写下他们的回顾文字。这可见搞思想创作的人珍惜自己的思想，不在珍惜自己亲生子女之下。

因为《佃农理论的前因后果》已经回顾过了，虽是片段，却是自己最有活力的思想时期，今天的结集是没有什么值得再回顾的了。然而，几位同学一致认为，《佃农理论》的原著再版，最成功的地方还是那二万多中文字的《前因后果》。他们认为可读，对他们有启发性。我跟花千树的老编叶海旋商讨，他也认为这本英文结集也要来一个滔滔不绝的中文长序。然而，自己经济思想发展的主要部分，已经在《前因后果》发表过，又再在三卷本的《经济解释》做了补充，说来说去都是那一套，岂不是老态毕露了？

与叶海旋数番倾谈后，大家同意我以《求学奇遇记》为题，发挥一下。二十多年来要求我写求学往事的读者无数。我想，平生所遇无奇不有，可读的文字不难写，只是与这本结集的文章一般没有直接的关联。另一方面，说到求学——不限于学经济——不容易想象会有其他学子碰上我那种神奇际遇，就是金庸笔下的神雕小子也比我不过，何况我要说的是事实，不是虚构。

要写这“奇遇”还有另一些原因。其一是我不认为把孩子管教得严或强迫孩子做功课是明智的教导。我认为只要孩子不是“饱食终日，无所用心”，父母要让孩子自由发展。不良嗜好要管，呆坐终日不成，但任何有创造性的玩意，只要孩子有兴趣，都要鼓励。在思维的发展上，想象力非常重要——爱因斯坦说是最重要的。有这样的一个传说。我最欣赏的美国画家怀斯，第一天上小学回家，父亲问他喜不喜欢上学，小怀斯说不喜欢，父亲说：那就不要再到学校去。不是要鼓励今天的父母这样做，但怀斯的父亲（或这传说）可不是毫无道理的。我少小时的经历，虽然活过苦日子，但逃学玩耍，父母儿女太多管不着，是我长大后以想象力纵横学术的主要原因。

其二是求学读书失败事小，被老师或朋友看不起事大。我认为一个青年如果看不起自己，万事皆休。想当年，读书考试屡战屡败，但失望中总是有老师或朋友看得起我。这使我在极端的失败中尊重自己，对自己有信心，一旦遇上机会，翻身易如反掌。这样的经历在《奇遇》中会细说。

其三最重要。这就是多年的思想发展，我欠师友实在多。一般的“鸣谢”，短则数十长则数百言，在我来说远为不够。趁这个机会以一篇长文感谢教过或影响过我的人，虽然这样做不可能提到每一个，但还是要做的。

我要从我记得的懂事的第一天说起。那是一九三八年的春天，地点是香港筲箕湾邻近的西湾河的后来被称为澳背龙村的山上，今天不复存在了。当时大约两岁四个月，今天想来历历若前日事。

幼年的回忆

我是在西湾河太富街十二号二楼出生的，这条街早就消失了。那时用“接生”，妈妈用不着到医院去。太富街的幼年生活，我一丝印象也没有。

有一天我仿佛突然睁开眼睛看世界，清楚记得那一天，而从那天起很多往事都记得。那天我穿上唐装衫裤，坐在一张小凳子上看着妈妈监管水泥工人建造石屋。她要我坐着不许走动，数着三铲沙要一铲水泥，不要给工人骗了。是春天三月，清楚记得头顶的大树只有少量的叶，鲜花怒放——长大后知道该老树每年三月开花。是一九三八年——长大后看到该石屋的顶上以水泥浮雕着“一九三八”四个大字。我懂事的第一天是一九三八年三月。

我是十二月一日出生的。出生纸战乱遗失了，战后补领。长兄与长姊说我生于一九三六，妈妈说一九三五。两个原因妈妈对。其一是天下间不容易找到一个记忆力比妈妈更强的人。其二是如果生于一九三六，那么妈妈叫我数铲数时我只有十六个月，不可能。

父亲是商人，当年在西湾河算是富裕的了。石屋建在西湾河一个山头上，战后称澳背龙村。地大七千英尺，妈妈说是祖传的。祖传不等于有地权，二十年前给政府拆除兴建了高楼大厦。战前，那山头只有五六间石屋，住着十多户人家。我们的石屋最大，门前的院子与屋旁的果树是我的天地了。

父母儿女多，我排第九。排第八的哥哥比我大十六个月，各有各的保姆。带我的叫群姐，是第一个对我的思想有深远影响的人。群姐晚上对我说故事，晚晚不同，有些长大后知道是典故，但大部分是群姐自己随口编出来的。她也喜欢在黑夜中与我坐在院子看星星，说什么牛郎织女，而月亮的故事不仅多，而且长，永远说不尽。

三岁跟哥哥到邻家读幼稚园。老师叫吴姑娘，很美丽，脾气好得出奇。学生三个：哥哥、我、吴姑娘的妹妹。我年纪最小，吴姑娘百般迁就。我对上课没有兴趣，老是要求早放学，要爬到桑树上摘桑葚吃。

年幼时，哥哥比我大十六个月是大很多。妈妈作了一项错误的决策：为了上学方便她要我跟哥哥一起上小学一年级。是西湾河电车路的永光小学，老师姓叶，用弯成了角的手指敲学生的头是他的专长。哥哥五岁多一点。我不到四岁，读书考试不及格是从那时开始的了——小一没有升过班。比一般同学小两岁，斗不过，但年纪也算偏小的哥哥一开头就读得好。长大后才知道，哥哥读书了不起（一九五六年在美国宾州大学，他的成绩是全级数千学生之冠）。表面看，小哥哥很蠢，但音乐与绘画天分奇高。后来一九五八年染上精神病是我最痛心的事。想当年（从幼年到一九五四辍学），我每试失败，家中人说没有希望，哥哥在场会力排众议，说老师太蠢，不懂得教，或说如果弟弟每天读书十分钟，考个第一易如反掌。

是旧礼教家庭，重男轻女，妈妈生了长子后跟着六个女儿，轮到第八是个男的，听话，读书钢琴绘画无一不精，是家中最受宠爱的人。然而，这位哥哥重视的是读书不成的弟弟。

一九四一年十二月八日早上八时（我六岁又七天），日机轰炸启德机场，我家在山上看得清楚。起初以为是演习，收音机证实是轰炸。早上穿好了校服，但不用上学了，被关进屋内，足不出户一段日子。待到容许外出时，支离破碎的尸体随处都有，而家养的狗喜欢把骨头带回家。

香港沦陷了，市场用日本的军票，港币的市值急泻直下，而因为找赎有困难，票额愈大的港钞跌得愈厉害，五百元面值的没有人要。妈妈于是收购五百元面值的港钞，很大张的，以小铁箱装好埋在地下。妈妈说，如果香港有光复的一天，英国政府不会不承认旧港钞。这项投资后来赚了不少钱。

与富豪相比，我家差很远，但当年西湾河是平民区，我家比下有余，余相当多。父亲张文来是大好商人，诚实节俭，在中环永乐街二十号经营文来行，信誉极佳，而一九五四谢世后，父亲的生日被电镀行业定为师父诞。妈妈姓苏名红，又名燕琦，貌美，极具贵气，只进过三个月小学，不识字，但因为每星期天上教堂，过耳不忘，可以把整本《圣经》读出来。她是我遇到过的最聪明的人，投资如有神助。父亲对任何人的评价苛求，但对妈妈办事从来不干预。

日军攻占香港不是突如其来，大家早就预料有这个可能性。妈妈早就购买黄金，说可防身，又储存大量的食盐与花生麸。食盐重要大家都知道，妈妈说花生麸可以久藏，可以充饥，而榨了油后的麸还有油质存在。战后父亲说，妈妈带着一批孩子逃难广西后，她储存下来的食盐与花生麸，很大量的，救活了山头不少人。

在日军占领下，香港晚晚戒严，盟军飞机要炸就炸，目标不分，日本仔要杀就杀，好歹不辨。替日军工作的称汉奸，友侪中大家左猜右疑。市场当然有价格管制，排队轮购、搞关系、炒粮票、炒黑市，每天都听到。那时我六岁开头，耳闻目染，记得清楚，对三十年后写《价格管制理论》有很大的帮助。这篇文章一九七四年发表，虽然石沉大海多年，今天不少行内朋友说会传世。

经济学就是这样奇怪的学问。你遍读群书关于价格管制的描述与数据，对这管制的认识比不上身在其中生活过一段小时日。太多的看似无关重要的细节，加起来很重要，但文字和数据不会尽纳其中，就是记载得详尽也不容易体会。亲历其境有真实感，不容易忘记。

不管对或错，我的妈妈对任何观察都有自己的见解。如果当年问她价格管制会有什么效果，她说的会把一个教授吓一跳。她是个盲婚的聪明女人，幼年缠过几天脚，非常守旧、迷信，很固执的。她对中国传统婚姻与三从四德知得多而深入，启发了我于一九七二年发表的《儿女产权与婚姻合约》。

富裕浮云，悲惨的日子开始了。群姐带了我六年，给了我无限的爱，因为战乱回乡了。日军占领香港不到一年，妈妈带着七个孩子过逃难的生活。那时我不到七岁。

广西的日子

香港沦陷，到内地逃难的人不少。三年八个月光复，劫后余生的一般认为不逃会较好，生存的机会也较高。不知道他家逃难的想法，当年听到父母商讨，是不要把所有鸡蛋放进一个篮子内：有十个孩子，分散一下不会全军尽没。父亲留在香港，有长子与两个女儿陪伴；母亲带着我的四个姊姊、小哥哥、我和比我小四岁多的妹妹（共七个孩子），逃难广西去也。

不是有计划的安排，而今天追踪昔日的逃程，很有点莫名其妙。记得先坐船到澳门，跟着在惠州——父亲的故乡——住了一晚。跟着辗转一些日子，抵曲江——今天统称韶关——那是直上北行。去年为了摄影夜宿韶关，找到一九四二年我们三个最小的因病而住过的河西医院，重建两次了。奇怪，当年逃难的人大都问津韶关。

母亲的分散逃策不改。最年小的三个跟着她到曲江，其他的不知到了哪里，后来在桂林会合，后来又分散，又会合，散合散合地乱逃一通，战后竟然没有一个死掉，堪称奇迹。

奇怪是曲江之后我们转走西南，略为安定下来的是桂林与柳州。几位姊姊进入桂林医学院，三个小的在桂林停了一段日子，随母亲到柳州。柳州住沙街，我和哥哥进入了那里的中正中学附属小学，读小四。没有什么读的。老师要逃难，频频转换，而小同学也要逃难，频频改变。但印象最深刻的是小同学饿死很多。图案一样：先是手足肌肉腐烂——是营养不足的证据；继而全身黄肿——是无可救药的象征。我自己的手足腐烂了两年，达不到黄肿之境，生存下来。

今天一起玩耍的小朋友，明天死掉，一个又一个。这些日子我无法忘记。后来在美求学有成，意识到中国的青年如果有机会，或大或小也会有成。再后来我为这点希望以中文动笔了。

中正附小几个月转读桂林真光小学，一个人去寄宿。几位姊姊当时在桂林医学院，原则上可以照顾，但几个月后的桂林大疏散，各散东西，委托一位朋友带我到柳州会合母亲，朋友没有出现。我是见到校中空无一人，才独自走到火车站，爬上车顶。是最后一班车，停柳州时只落三几个乘客。柳州摆空城计，找到沙街住址，母亲与哥哥妹妹仍在，恍若隔世。是一九四三年的夏天，我七岁半。

从柳州继续逃是坐船的。一程一程地换船走，妈妈每程议价，有其他乘客分担费用。这些船程往往有多个苦力在岸上用绳索拖船行，有监管的拿着鞭子。妈妈说苦力是散工，组合分账，而监管的也分账。二十三年后研究佃农分成，思往事，我分不开谁是雇主，谁是被雇。一九七〇年，多伦多大学的J. McManus到西雅图找我，研讨他正在动笔的公司理论，我提出广西的拖船例子，说挥鞭而下的监管者可以看为是苦力联手聘请的。他把这例子写进文章，说是我提出的。后来这例子在有关公司的文章出现过多次，有说是McManus的，有说是我的。十多年前见到一位澳洲教授写的关于谁是雇主的文章，题目竟然用上我的名字。我不认为谁是雇主是个值得花时间探讨的问题：法律上有鉴别，但这鉴别在经济学上不重要。

长姊离开桂林直走贵阳，后来在那里的医学院毕业。其他三位姊姊在途中与我们相聚，是母亲的安排。记得我们到过洪秀全起义的桂平，跟着到了今天地图上还可找到的平南。平南再逃是向山间步行十个小时，来到一个今天无法找到的名为那沙的小村落，在那里住了一年多。不到数十户人家，没有纸笔，飞机火车村民没有听过，只有隆重如婚礼才吃一顿饭，番薯是顶级粮食，木薯是中上之家。

那沙的没有学校的日子对我后来的发展有重要的影响。其一是说过的，因为没有纸笔我在晚上跟一位也是逃难到那里的八股先生背诵古文与诗词，不知何解，但遗传了母亲过耳不忘的本领，背很多，是今天写中文的本钱了。其二也说过，因为染上疟疾，有几个月妈妈要我每天下午到山间走，对夕阳的光的变化有研究，是今天搞摄影艺术的本钱了。

其三是妈妈知道她有的不足以养活所有孩子，让我背着一位桂林医生曾经说不可能活下去的三岁妹妹，到田野走，希望能找到些什么可以养活自己。废田的零碎农植，山溪的小鱼与虾，原野的草蜢与不知名的小动物，生火烤煮后皆可吃。妹妹今天还活着。

这些在田园荒野觅食的日子，使我对中国的农村生活与农植操作知得多而深入。后来写《佃农理论》时，我对中国农业资料的处理驾轻就熟。想想吧，中国农业的文字描述与数字统计图书馆可以找到，但只读这些不容易体会实际情况。那沙的经历，使我参考这些资料时得到自己记忆的印证。差不多没有一种中国的农作物我不知道种植与收成的过程。是的，当年觉得自己比一般写中国农业的作者知得多。

后来《佃农理论》出版的第八章，我用年幼时获得的农植知识想出一套处理统计数字的方法，阿尔钦与约翰逊（H. G. Johnson）读后皆说该章伟大。最近科斯为我写前言，对助手说，作为经济学的实证研究，我的《佃农理论》与《蜜蜂的神话》

的水平不可能被超越。蜜蜂与果树都属于农业。这可见牵涉到农业的经济研究，那沙的田野培养出一个专才。

与外间的消息隔绝多时，过了大半年，日军不利有所闻，再没有听到日本仔在那沙邻近出现了。再过一些日子母亲说可以出平南，但恐怕那沙的一些村中人要拿我们做人质。她叫今天活在多伦多的姊姊（后来是家中的第二个医生）到平南去，说是购物，其实是向县长求救。县长派来几个士兵，带我家到平南。日军投降的消息到了平南才知道。

该平南县长的名字叫欧阳拔英。解放前逃到香港，父亲感激，照顾着他。后来这位欧阳先生教了我很多，是这《奇遇记》中的一个人物了。

从佛山华英到湾仔书院

一九四五年从广西回到香港，九岁半了。战前的富裕家境，不再，但香港当时满是商机，父母刻苦耐劳，翻身指日可待。父母重视教育，战后不够钱，第四的姊姊考进港大，读医，小哥哥先入湾仔书院再升拔萃，其他求学的都回到内地去。我与一位姊姊进入了佛山的华英，在那里待了三年。

其实九岁半还是小年纪，不用忙。但姊姊要我考华英中一，不逮，读小六；升中一，也不逮，再降小六。以顽皮名动华英，一九四八年暑期父亲收到华英校长的信，请我“另谋高就”，被逐出校门了。国共之争风声鹤唳，回港求学顺理成章。进入父亲曾经读过的湾仔书院，读第八班（第一班最高），十二岁。

不容易明白我当年为什么那样顽皮。华英以记大过、小过来计算周末罚企的时间，每星期的冠军必定是我。是奇怪的现象，因为我不是个有破坏性的人。正相反，从小自创玩意，无奇不有，但没有损害任何人，怎会弄得众人皆欲杀呢？一九五一年，我的一位医生姊夫到西湾河山头一行，见到我能把飞鸟招之即来（其实是自己养大的），弹珠子、射雀鸟、掷毫、下棋等出神入化，吃了一惊，奔走相告，只是没有人相信他。

可能是广西那沙培养出来的个性。我喜欢来去自如，独自思考，老师说的我不喜欢听就魂游四方。同学上课，我自己会跑到佛山的田园呆坐到夕阳西下。华英的日子吃不饱，衣服残破，无钱理发，提到张五常老师与同学无不摇头叹息。小六一年升中一，中一一年降小六，还是每试必败，记过频频，不可能有再黑的日子了。

就是在华英的最后一年中，小六的吕老师给我指出一线生机。一天他带我到校园静寂之处，坐下来，说：“我不管你的行为，不知怎样管才对，因为我没有遇到过像你这样的学生。你脑中想的脱离了同学，也脱离了老师，层面不同，有谁可以教你呢？我教不来，只希望你不要管他人怎样说，好自为之，将来在学问上你会走得很远，远过所有我认识的人。”

从那天起我久不久交出一些功课习作，而无论我交出什么，吕老师一定贴在墙上。有时他需要贴物，就找我写一篇短日记，使同学哗然。吕老师是班主任，对我偏心重视，但还是保我不住。记过频频，考试不知答到哪里去，被逐出校门罪有应得。后来读书怎样失败我还是记着吕老师的话：要好自为之。

一九四八年的秋天进入湾仔书院。那是有悠久历史的官立名校，当时学位短缺，打进去多多少少要有点来头。然而，战后风云未定，那里龙蛇混杂，黑社会分子多，而试题出售可以讨价还价。教国文的姓王，头顶有个大疤痕，活像地图上的非洲，同学们称他为“非洲王”。没有谁肯定他识多少字。

有一次，一位同学告诉我非洲王的作文试题是个“火”字，担保一定中。我找一位文豪前辈动笔，背熟了，考作文一字不漏地背出去。还记得文豪起笔的第一句：“火是物体燃烧所发出的光和热。”有威有势，不得了。试题当然是“火”，但我不及格。有三个可能。其一是我的文豪枪手比不上同学的文豪枪手。其二是既然试题可以卖出去，分数也如是。第三个可能最大：非洲王见到我的名字就懒得读试卷了。

湾仔书院的老师都是性格巨星，老同学今天谈起无不津津乐道。我第八班的老师姓谭，同学称“老坑谭”，用间尺打学生是骂左打右，骂前打后。四十学生我考第十二也要留班。奇怪是开课时，留班没有位，我被升到第七班去。第七班的老师是Miss Lo，貌美如花，英语流利；第六班是周师奶，好人一个，教得用心。周师奶的妹妹叫Miss刁，教地理，英语了得，后来被人叫“潘师奶”而起诉诽谤，胜诉，传为佳话。

虽说龙蛇混杂，当年湾仔书院的同学了不起。他们是经历过大战乱的第一代，那些逃难饥荒饿不死，或日本仔杀不掉，或盟军飞机炸不中的生存者。年龄很不平均，财富相当悬殊，但经过刀枪不入的锻炼，这些同学眼观六路，临危不乱，反应快。与他们交往几年，我对真实世界的各种情况知得多了。

后来自己走经济研究的路，发觉很多行家才智过人，但对世事知得少，以理论推断容易有偏差。是的，可取的经济理论不多，也不湛深，只是运用起来可以搞得很复杂。以真实世界为范，我走的路是判断不同局限条件的重要性及其变化，推理永远是向浅中求：世界复杂，理论不够简单处理不了。另一方面，好些我很敬佩的经济学者，生活经历过的变化不多，喜欢假设局限，然后把理论推上去。这种局限简单而理论复杂的经济学，与我选走的路是两回事。他们以猜测局限起笔，理论可以搞得精彩绝伦，但对解释现象的命中率不高。

多年以来，我坚持一个假说的验证，一定要有两个或以上的可以观察到的变数才有机会成事。无从观察或看不到的变数，方程式写得怎样漂亮也是白费心思。以真实世界的局限条件起笔，考查虽然不易，但拿得准时对解释世事如有神助。这是湾仔书院的同学给我的启发了。科斯完全同意我选走的路，因为他自己也这样走。他对今天经济学的发展很悲观；近来我乐观一小点，因为感受到自己的坚持在行内开始受到注意。

湾仔书院进入了第五班，老师郭炜民对我有大影响。跟华英的吕老师一样，郭老师给我很多鼓励，但不管。逃学钓鱼老师不管是奇事，但郭老师在我失踪时好几次对班上同学说："千万不要学张五常，你们学不来的。他可以在考试前夕翻几下书就过关，我只担心到高班时这样的态度应付不了。"

其实考试前夕我也没有翻书。一九五二年升上皇仁书院是得到郭老师的推荐。后来在皇仁被逐出校门，也与翻不翻书无关。而是因为一门主要科——中文作文——考五十九分，差一分，不及格。同学们都说因为中文老师不喜欢我，故意留难。其实当时自己不是个好学生，离校几年不无好处。

一九八二年回港工作后，两次约见了郭炜民老师，感谢他知遇之恩。三年前听到他在加拿大。希望他还健在，好让我能在第一时间把将要出版的英语文章结集寄给他。

太宁街的日子

皇仁书院大名鼎鼎，今如昔也。那时刚好换了学班制：以前是从大数字升到小数字，进皇仁时转为从小数字升到大数字。一九五二入皇仁读第三级，今天的 Form III 是也。第一年留级。自己没有用功是实情，逃学依然故我。班主任闷得可怜，见我提问必定罚企或留堂。可幸他深近视，逃学不上课他不知道。也不是毫无建树：在同学利家麟的指导下，口琴比赛代表皇仁拿过奖，而校刊《皇龙报》发表过我两篇中语文章。

留级的第二年有点火花。班主任是黄应铭。跟此前的吕老师与郭老师一样，认为我自成一家，逃学理所当然。记得有一次，班上一位同学获全校象棋比赛冠军，大家在课室庆祝，黄老师进来，问庆祝什么，回应是一位同学拿了象棋冠军。老师说："不是张五常？我敢跟你们打赌，张五常没有参加比赛。"八二年回港工作后，我见过黄老师几次，也感谢了他的知遇之恩。

被逐出校门可能是我平生的最好际遇。如果华英没有把我踢回香港，在华英升级读下去，我可能像当时的几位同学那样，在后来的朝鲜战争醉卧沙场。如果皇仁的第二年不是作文考试差一分，被逐离校，我不会因为求学无门而天天跑到太宁街去。

太宁街早就在地图上消失了。当年是西湾河向海的横街，又称第二街，门牌二十八个，最近海旁的二十七号是一九五四年我失学后天天必到的地方，到我一九五七年七月三十一日离港赴北美为止。我第一次到太宁街是一九四九年。在湾仔书院认识一位姓王名柏泉的同学，他的家是太宁街二十七号。我的家在邻近，到了柏泉的家流连忘返，因为那里的奇人异士屈指难算，吸引着我。在湾仔与皇仁读书不成，花太多时间在太宁街是一个原因，但后来在美国读书大杀三方，太宁街给我的智慧有大帮助。

介绍一下当时太宁街二十七号的常客吧。首先是柏泉有三个哥哥，加起来是四个才子。长兄名王深泉，当时写文章的笔名是秦西宁，后来是名诗人舒巷城。二兄王照泉，写粤曲的笔名是王君如，没有懂粤曲的人不知道他。三兄王礼泉，书法清秀，智力过人，下象棋潇洒利落。柏泉是小弟，样样皆能，无一不精。踢足球有几个香港甲组球员与后来成为国脚的黄文华，打乒乓球有我带去的后来获得世界冠军的容国团，下象棋有代表香港出赛的神童徐道光，玩粤乐有师傅黎浪然，打功夫有教头陈成彪……这些人的生活都不好过，但不容易找到那么多的不同行业的天才或怪杰聚在一起，谈天说地。我跻身其中，听得多关于他们的造诣的古怪法门，组合起来自己随意挥洒。

于今回顾，太宁街昔日的能人异士有一个重要的共同点：他们没有一个算得上是受过高级教育。不值钱的十八般武艺了不起，但法门全部是他们自己想出来的！好比王君如，粤曲填词写到大师水平是毫无疑问的了，但他没有中学毕业。好比容国团，乒乓球的第一课是我教他的，但打到世界冠军的法门是他自己想出来。没有阿团当年日思夜想，中国的乒乓球今天不会雄视天下。好比徐道光，当年十五岁，傻头傻脑，不可能正规地学过下象棋，但多次与他倾谈，知道他有一套下棋理论，博大湛深，棋书没有说过。

是的，无钱求学就有这样的好处：你要逼着自己想出来。这是创作，不一定比专业训练的好，但没有成见的左右，新意来得容易。从广西逃难的日子起我是个我行我素的人，为了与妹妹活下去自己想办法。后来的玩意大都是自己想，自己发明或改进。太宁街遇到的怪才都是这样的人。武艺不同，他们谈得来是因为大家都达到很高的境界。大门常开，来者不拒，有不少好奇或要偷师的人混杂其中，当年太宁街二十七号是个很热闹的地方。

今天不少经济学的朋友认为我是他们知道的最有创意的人。如果是对的话，那么我的秘方是先学创作然后求学，不是先求学然后尝试创作。求学一般求成见，是创作的大忌。

在太宁街的日子中，对我影响最深远的是舒巷城（王深泉）。深泉是战前香港英文中学毕业的番书仔，是当时太宁街唯一的算是受过正规教育的人。打工，深泉业余搞文艺创作，我认识他时他刚发表了后来脍炙人口的《鲤鱼门的雾》。深泉也写诗——古诗、新诗、打油诗等无一不精；填词——长短句的规格与声韵熟如流水行云。他也懂得唱粤曲，唱得如怨如慕。他是太宁街的文豪，是公认的才子，所有的人都尊敬、仰慕他。

深泉少说话，但说起话来滔滔不绝。我是当时太宁街的唯一敢与深泉辩论的人。水平相差十万八千里，年龄相差十四载，我老是跟他吵起来，而他永远是奉陪到底的。什么都吵，最通常是吵文学。留级小子与文豪吵文学，没有人觉得奇怪，因为在那沙时古文与诗词我背过很多，战后白话文又背过很多。不是真的懂，但深泉提到什么名章佳句我都可以背出来。三十年后写中语文章，深泉替我修改，感慨地说："天下间没有谁可以那样随意地套用古人之句吧。"

我拜服深泉，因为他对文学的见解是他自己的发明，与学校老师教的是两回事。老师教平仄，教来教去我也不懂，但深泉只教一分钟我就掌握一百分。他对中外的文学创作知得很多，评论别开生面。我当时想，这些是学问了，但为什么学校老师不懂呢？

本来是脱缰之马，但遇到深泉后我知道山外有山，知道学问这回事不可以完全不学。

欧阳拔英与关大志

当年太古船坞为工人住宿在西湾河建造了五条街。太宁是第二街，太富是第四街。太富街十二号二楼是我出生的地方，是母亲从一个亲戚转让过来的。这些"太古楼"在六十年代后期拆除了。

救过我们的平南县长欧阳拔英，解放前投奔香港，父母照顾他，让他和太太住在太富街十二号。那是离太宁街很近的地方，步行不到三分钟。太宁街晚上才热闹，日间有空我会跑到太富街与欧阳伯聊天。大约是一九五二年开始的了。

平南县长欧阳拔英是个很有学问的人。读过古书无数，见解精辟，书法隶书是我见过最好的了。在香港无所事事，他每天早上到太古喝茶，永远是普洱，一盅两件，然后闲坐家中。很喜欢见到我，要跟他谈多久都可以，倾囊相授。欧阳伯苛求，整本《古文观止》他只赞赏六篇：王羲之的《兰亭集序》，诸葛亮的前后《出师表》，李华的《吊古战场文》，苏轼的前后《赤壁赋》。知道这些我都背得出，他推荐我去背《东莱博议》。这本书今天的书局不容易找到了。

非常欣赏那些差不多任何中国古字都可以读得出、解得通的人。平生只遇到两个：五十年代的欧阳拔英与今天还健在的黄苗子。这可见中国的文字不是简单的学问。

欧阳伯是个古人，什么风水八卦掌相之类如数家珍，虽然他自己是信与不信之间。我从他那里知道中国的古文化重于泰山，要开采谈何容易。我也是从他那里知道前贤之见，就算错得离谱，总有一些可以启发我们的地方。我是受到欧阳伯的影响而后来对西方的古文化同样重视，把古今中外的传统融合起来。说实话，我对中国古文化的认识很肤浅，但与西方的结合起来，互相映照，够用。

重视传统起于欧阳伯的启发。跟他学书法，谈的是哲理，与四十年后拜师周慧珺所学的不同。周老师强调用笔、用墨、结字、变化。那是行草之道。欧阳伯只管隶书，谈的是藏锋储意。好几次他跟我坐在电车上，沿途给我品评商店招牌的书法。

一九五三年我在上环某旧书店见到一古拓本，叫《娄寿碑》，定价港元八十，当时是非常高的价格了。带欧阳伯去看，看了良久，他再去看几次，对我说，是汉碑，宋拓真本无疑，是他见过的最高的隶书了。我买了下来，今天还在。记载说《娄寿碑》拓本早就失传，最后收藏一个劣拓的是清代的何绍基。何绍基的影印拓本我有，字迹与我的一样，但石碑破碎很多了。宋拓孤本《娄寿碑》，隶书妙绝天下，不知今天值多少钱呢？

一九五三年父亲病重，不工作了，欧阳伯闲着，往往与父亲倾谈。一九五四的某一天，父亲召我去见他。那时家境回复到战前的水平，他住养和医院的一间私人病房。是奇怪的父亲，我进入病房，他指着跑马场对上的青山，问我见不见到那里有一个农民在工作。跟着他严肃起来了，说："有那么多子女，整生忙于养家，没有机会对你多说几句话。医生说我全部不妥，活到今天是奇迹，看来只有两三个月的时间了。你读书不成，到文来行（他的商店）学做生意我不反对。但年多来我与欧阳先生谈过多次话，每次都是关于你。大家同意，你是我们见过的最有可为的青年。要你到这里来只想说一句：我平生欣赏的是有学问的人。"

一九五四离开皇仁后，到父亲在中环永乐街的文来行工作。没有工作可做，赚钱却不困难。理由简单。文来行是老字号的电镀原料进口商，适逢朝鲜战争，在美国的压力下多类工业原料不准进口——禁运是也。这样，拿不到进口证就没有生意，拿到进口证买家排队抢购，因为在禁运下供不应求。文来行是老字号，申请进口有优先权。赚钱容易，工作轻松。禁运电镀原料怎可以协助美国打朝鲜战争呢？想不通，但一些老字号是得益者。

文来行的隔邻是凉茶铺，老板姓高，有摄影作品入选过摄影沙龙。在文来行的阁楼我找到一部旧照相机，试学摄影，作品拿到隔邻给高老板指教。在那凉茶铺高老板介绍一位叫关大志的人。后者替我买了一部战前东德产出的旧照相机，教了我一个小时就摄得两帧作品入选香港国际摄影沙龙，而且两帧都被刊登于该年（一九五五）的年鉴上。

于今回顾，关大志是我知道的天赋最高的摄影家。他自己连照相机也没有，要借用，往往没有钱买胶卷。但他判断景物之精、之准，黑房技巧与户外人像的卓越处理，不亲眼见到不容易相信。五十年代的香港，沙龙摄影名家云集，热闹得很。关大志与我相聚了大约两年，差不多每天下午都跟他倾谈摄影艺术的事，晚上我才跑到太宁街去。

是那样随意地碰到一个可以教我摄影的人，以为很多专家更高明，但时日的消磨与跟他家比较，关大志的不凡愈来愈明显。后来到了北美，研究了西方的所有摄影大师，以天赋论英雄，没有一个比得上关大志。

光法与黑房的功夫，很多人都可以教，而后来在多伦多作职业摄影，知道技术上那些从摄影专校训练出来的有独到之处。关大志与众不同，是因为他懂得怎样看，看得快，看得妙，可以解释得清楚为什么这样看不成，那样看才是好作品。他认为不平凡的景物摄得不平凡的作品，任何人都可以做到，困难是从平凡的景物摄得不平凡的作品。后者要讲思想，讲内容，而有时略为转换角度，作品会说很多话。

是不公平的世界。关大志在世界摄影艺术上籍籍无名，只因为他当年没有照相机，买不起胶卷。后来他在美国发了达，最贵重的照相机买了一整套，但贵人事忙，没有时间搞摄影了。

我学得快，学尽了关大志对景物的看法。到了北美，要脱离沙龙的老土传统，挣扎了好几年，到了一九六五年才想出怎样把在广西那沙体会到的光搞进摄影去。一九六六年在加州见到关大志，展示几帧自己的新作，把他吓了一跳。

从多伦多到洛杉矶

我是一九五七年七月三十一日坐邮轮到北美去的。船程十八天，加五天火车到多伦多。是替父亲遗留下来的生意去商谈看似重要但后来很容易解决的问题。留在多伦多是要补修一下中学课程，希望拿得一纸商业的什么文凭。空余时间到那里的公立图书馆去，因为该馆有非常齐备的关于摄影大师的书籍。

家庭复杂，香港寄来的钱不足糊口，做了几个月摄影师，是在当地最大名的摄影室，工资低得很。内心深处我希望能在北美自谋出路：香港的家有那么多的成员，而自己是幼子，夜长梦多。

后来决定认真地求学，有三个原因。其一是多伦多当时有近五百个从香港去的学生，只有我一个没有大学收容。应该有自卑感，但觉得如果真的用功读书，我不可能读他们不过。为了好奇我要尝试一下。其二是很大的不幸。一九五八某天晚上，收到美国打来的长途电话，说我深爱的小哥哥——在宾州大学读得很好的——患上精神分裂症，达到了最严重的阶段。晴天霹雳，我跑到图书馆翻阅医学书籍，所有报告都说哥哥的情况药石无灵。上苍无情，这位哥哥是张家的儿子中唯一可以搞出学问的那一位，父亲对我说过的希望岂不是空空如也？我想，那就要由我披甲上阵了。

第三同样重要：就在那时我在多伦多遇到一位名叫王子春的人。王子春结了婚，有个可爱的小女儿。他拿了硕士，记不得是文学还是历史，英语好而大有文采。只见了几面，他肯定我是个顶级的求学人才，于是鼓励我，教我，给我介绍读物，对我说了很多学问的典故。他也教我写英语文章。我还记得他给我一封论文章之道的信，结句说得清楚："Either a man makes sense, or he doesn't. You do."

我说求学屡有奇遇不是夸张吧。如果当年在多伦多有大学收容，我不会遇到王子春，就是遇上他也不会教。听君一席话，胜读十年书——在写文章这重要话题上，王子春只一句我就终生受用了：写文章要make sense！是那么简单的一回事，但做到的人稀有。我是因为得到王子春画龙点睛，下苦功，做到。

加拿大的大学当时享誉国际，但收生保守，王子春要我尝试美国的大学。当时我不知道，美国好些大学收生对超龄的比较宽容。我超龄，到了洛杉矶加州大学才知道超相当多：同学平均十八多一点，我差三个月二十四。急起直追，是打冲锋的时候了！

一九五九年秋季入本科，一九六二年六月获硕士。势如破竹，却给赫舒拉发（J. Hirshleifer）来一个下马威。当时加大经济系的规定，硕士后攻读博士的要考一个口试，决定学生可不可以继续。是例行公事，这口试在我之前没有一个不通过。有恃无恐，因为凡遇理论难题同学喜欢求教于我。是一九六二年底，这口试考官三个，赫师是主考。

口试问的当然是经济理论，我对答如流。不到一个小时，赫师说："差不多吧。"然后翻阅我的档案，说："全部是A？我没有见过。高级理论是难不倒你的了，让我问初级的吧。在竞争市场上，行内的产出者不会有盈利，为什么他们还要竞争下去呢？"我回应："因为成本是最高的代价。"赫师说："对！"站起来，要走了。殊不知另一位教授（R. Baron）说："等一等，我要问为什么在最高的代价下会有竞争？"这问题难倒了我。其实答案是浅的：最高代价是说竞争者不会另谋高就。当时我答不出来。

该口试不通过，没有补考这回事，要离校了。同学哗然，几位教授找我，希望我留下来，说他们决定让我补考。后来我在初级理念上痛下三个月功夫，补考是谈天气，说家事。据说几年后因为我的"典故"，加大经济系取消了那个口试。好些年后遇到赫师，谈往事，说到我那个口试，他感慨地说："当时大家觉得你锋芒毕露，希望你能收敛一下，但我们是做得太过分了。”

回头说加大的本科日子，为求学问，打冲锋我要找到大师才冲。大学校就有这样的方便：虽然教授的水平参差不齐，但够多，容许卧虎藏龙。所以在满足选科的规限内，我走遍校园，左问右问，要找到大师教授才下注。艺术历史教授教的是理论，之前之后我没有听过；人类学教授是大名家；生物学教授是物理学家，后来被认为是物理生物的一个创始人；哲学逻辑是跟鲁道夫·卡尔纳普（R. Carnap）学的。

本科的经济科目，对我影响最大的有两个：W. R. Allen 与 W. C. Scoville。前者后来与阿尔钦合作名著《生产与交换》(*Production and Exchange*)，授课幽默精彩；后者教经济历史，学究天人。Scoville 有的是一种难度极高的学问：十年窗下只写一本历史书（*The Prosecution of Huguenots and French Economic Development*)，注脚的文字远比正文多，其考查的严谨与详尽真的一丝不苟。得到感染，一丝不苟是我自己后来的治学之道，只是四十七岁后，累了，下笔只着重自己的思维，不管他家之说。

我有机会问 Scoville：“十年窗下一本历史书，

值得吗？”他回应道：“我那本书的题材其实不是那么重要。我只是要回答一个问题。众人皆说昔日法国逼害新教徒（Huguenots）对法国经济有很大的不良影响，我研究的结果说没有。最近一位法国史学家评论这本书，说在我之后法国这个老话题是不需要再研究了。学问的发展，总要有些人花时间去回答一些问题。如果我花十年能使后人不需要在同一问题上再下功夫，应该是值得的。”这是学问的真谛，深深地影响了我，虽然后来作研究时，见到生命那么短暂，我要考虑很久一个问题的重要性才动工。

学问茫茫大海；学者沧海一粟。一个学者希望争取到的只是那一粟能发出一点光亮罢了。

阿尔钦与赫舒拉发

曾经多次写阿尔钦与赫舒拉发，因为他俩是我求学时最主要的老师。这里从比较广泛的角度说，也比较简略。自己平生最高的荣誉，不是什么院长会长，或什么大教授，而是行内任何知道阿尔钦与赫舒拉发的人，都知道我是他们的学生。少人知道的，是我没有选修过他们的课。我是他们的旁听生，每个旁听了三年。我的博士论文——《佃农理论》——是在他们的指导下写成的。

一九六一年进入了研究院，选修的价格理论由R. E. Baldwin传授，教得好！这位老师来自哈佛，教的是新古典与哈佛早期的理论基础。宏观与货币我师从布鲁纳（K. Brunner），很苛求，是在他举世知名之前的事了。选修过的科目不能再选修，所以只能旁听阿尔钦与赫舒拉发的课。

一九六二年的秋季我开始旁听赫师的高级价格理论。永远是晚上，每课三个小时，中间休息十五分钟，每星期一次。老师与学生的关系要讲缘分。只是旁听生，赫师从第一课起就对我关心。此后每星期我都等着享受赫师授课的那一晚，享受了三年。

讲缘分，也讲化学作用。当年求学，我很有点乱来，有点发神经。上课提问从来不举手，有时老师还没有说完我就打断话题；答问题喜欢天马行空，为了过瘾无奇不有。这样的学生——尤其是旁听生——不容易受到教授欢迎。但赫师走到另一个极端。有时他无端端地说：“史提芬，你要提问吗？”又或者说：“史提芬，你有答案吗？”这样的鼓励，使我如鱼得水，过了不久赫师的课成为他和我的对话。本来是发神经的脱缰之马，但无论我怎样提问，怎样回应，赫师皆以他的敏捷的思想，客观的衡量，广博的知识，说：“你的问题重要”，或说：“你的答案奇特，我要多想一下”；而当我胡说八道，他会说：“史提芬，你要回家多想一下吧。”

是这样的教导，这样的循循善诱，在不知不觉中我的思想走进了一条有严谨逻辑规格的路。奔放依然，但思想进入了轨道了。

早就听到阿尔钦厉害，不少人说他是价格理论的天下第一把手。我当时开始意识到，经济学其实只有价格理论，只要掌握得好，什么宏观、货币等都可以变化出来。当时我读过凯恩斯的搞起宏观经济学的《通论》，认为作者对价格理论掌握得不够。那是一九六二年的秋季，我认真地求学三年了。

进攻价格理论的策略是明显的。从 Baldwin 那里我打好了传统价格理论的基础，尤其是这位老师把新古典经济的各大家教得通透。跟着轮到赫舒拉发。赫师也是哈佛出身，在芝加哥大学教过，对费雪（I. Fisher）的利息理论与资本的理念发表过重要文献，可以填补新古典的一角空白。再跟着轮到阿尔钦，还没有上过他的课，但听说这个人的思想天马行空，无从捉摸，我倒要尝试一下。

一九六二年阿尔钦造访斯坦福一年。我是因为要等他回到加大，旁听了他的课，才考他出的博士试题，于是决定缓慢下来。后来等到进入研究院的第三年的下学期才考博士笔试，但同学通常分两年考的四张试卷，我在五天内考完——三卷第一，一卷第二——追回了时间。

旁听了赫舒拉发几个月后，我问他："你的学问与阿尔钦的怎样比较呢？"他回答："我广博，阿尔钦湛深。"是重要的提点，也显示我选走的Baldwin-Hirshleifer-Alchian的路线与次序是很理想的策划。当时洛杉矶加大的经济系并不大名，但从多方的评论与自己读过的文章衡量，天下间不可能找到更为优胜的学习价格理论的阵容。我已经拜读过所有关于价格理论的名著，而一九六二年出版的弗里德曼的《价格理论》，虽然是天书，但较早的"非法"学生笔录版本我背得出来。

策划确定，问题只是阿尔钦要到一九六三年的秋季才授课。打冲锋，需要选修考试的科目清理得七七八八，等阿尔钦，等听过他的课才考他出的博士试题，一时间变得无锋可冲了。我于是决定跑到图书馆去，获得一个仅可容身的小房间，差不多一半日子住在那里，不分昼夜地读，读得天昏地暗，只是要旁听或进膳或消闲一下才跑出来。那大概是一九六三年初到一九六五年秋季转到长滩（Long Beach）做助理教授的时日，读了两年半。

长驻图书馆就有这样的方便：书本用不着借出来，以小车把一组书籍推进自己的小房间，读后放回在通道可以找到的小车上，有工作人员替你执拾。这样读可以读很多，而当时我选读的不限于经济，凡有兴趣的都翻阅一下。感谢上帝，妈妈遗传给我的过目不忘的本领，大有用场。无论什么题材，翻阅三几本就觉得说的差不多，抄作远多于创作，知道搞学问不容易杀出重围。那些批评我数十年不读书（实情如是）的人，不知天高地厚。

那时我对考试漠不关心。还要考的四个博士笔试随时可以考。这种试考基础，考知识，考思维，无须准备。等阿尔钦，因为知道他考的是思想，我要跟踪一下。

听课与跟老师研讨，比起读老师的论著有很大的分别。一个学者的思想有很多细节不可能全部写下来，而这些细节能让学生体会老师的思考方法。

一九六三年秋季第一次听阿尔钦的课，很有点失望，因为他说明旁听生不准提问。这一点，同学们也失望：我提问别开生面，往往举座哗然，很热闹的。后来阿尔钦容许我走进他的办公室提问，只我一个，成为他的“入室弟子”，羡杀同学也。

阿尔钦的思维深不可测，是每个同学的感受。当时我对价格理论的操纵，可谓来去自如，但开始听阿尔钦的课，我不知他在说什么。我想，有这样的深度，我一定要触摸到他的层面才罢休。旁听到大约第三个学期（那时一年二期）我开始触摸到这层面，第四个学期豁然开朗。话虽如此，转到长滩任职后的第一年，每次阿师讲课我尽可能驾车回到加大旁听。

走毕了上述的Baldwin-Hirshleifer-Alchian的价格理论的全程，第一次开花结果是论文《佃农理论》。后来不少人认为那是价格理论应用的典范。这些评论加起来比不上阿尔钦当年说的那样深刻。他说：“不要以为你推翻了所有前人对佃农的分析而沾沾自喜。你没有提出任何新理论，只是对价格理论的掌握你比他们都高一点。”

从长滩到芝加哥

《佃农理论》是在长滩大学写成的。虽然导师是加大的阿尔钦与赫舒拉发，但个多小时的车程不方便，时间要预约，只能写好了初稿，让他们先读，才登门求教。这样，在长滩与我共用一个办公室的同事德沃夏克（E. Dvorak）就成为我的“试音板”了。每有新意，向他表演一下，看他是否大叫天才。

长滩有一个小奇迹。那里的图书馆竟然有全套的《台湾农业年鉴》。是奇怪的刊物，有点发神经。这年鉴详尽地罗列了台湾每年每县的每种农植的耕地与收成，包括农地面积与耕地的轮植，印得密密麻麻，中英对照。没有谁会翻阅这样的刊物，而就是作农业研究，这类资料一般用不上。只是我要以台湾的土地改革来验证佃农分成在管制下对土地的边际产出的影响，虽然重要但极为冷门，才用得着这类资料，甚至不可或缺。

记得阿尔钦读到我论文中最重要的验证那章时，很有点不相信我的想象推理与统计数据，以为我可能在袖子里出术。我从长滩借出几册《台湾农业年鉴》，带给他看，他自言自语：“发神经，怎会有人搜集这些资料呢？他们要来做什么？”

顺便一提。一九六七年初我在长滩博物馆举行一次摄影个展，很成功。那时每星期教十二课，论文要赶工，展览的工作也得到德沃夏克协助，而开幕的鸡尾酒会由他的太太主理。据说因为主理得出色，不少人跟着要求她主理酒会，大名远播，最后美国的西区经济学会的每年盛会都委托她主理了。光流水逝，匆匆数十年矣。

博士后我转到芝加哥大学。那是个很可怕的地方。名家云集（当年那里的朋友后来有六个拿得诺贝尔奖），各争上游，互不相让。讲座或研讨会议天天有，午餐一定谈学术，晚上酒会不醉无归。我在旁听、讲座、研讨、酒会之间疲于奔命，加上每隔一两天女秘书就把几篇文章放在我的书桌上，不少要评审。我奇怪那里的一些同事可以活到今天。

衷心说实话，我喜欢学，学得快，但绝对不是个喜欢跟人家研讨或辩论的人。从广西那沙的日子起我喜欢独自游玩，有自己的世界，而长大后喜欢独自思考，不管外人怎样说。我可以一连数天足不出户，有时一整天呆坐书房。少年时在香港逃学，没有伴侣，我往往一个人坐在柴湾的一块巨石上下钓。根本没有鱼，永远是那块石，只是四顾无人，胡乱地想着些什么，对我是一种乐趣。学术上我很少与人争论，谁对谁错于我无关痛痒。港大有一位同事，一事无成，见我不回应某人的批评，大做文章，说我不负责任。胡说八道。回应批评我可以大量地增加文章数量，但何必做这些无聊的工作呢？思想是自己的，独自魂游得来，是对是错是轻是重，历史自有公论。没有机会传世的学术文字，不写算了。

这解释了为什么在芝加哥大学的两年中，一方面我很希望能得到那里的大师的启发，另一方面我不想参与他们的思想竞赛。施蒂格勒与弗里德曼是天才，当然可以教我，但他俩当时如日方中，是大忙人，不敢多花他们的时间。虽然弗老的办公室在我隔邻，我是要到他退了休才多求教于他。哈伯格（A. Harberger）的课我旁听了一段日子，但他既是系主任，又是拉丁美洲的学生领导，分身不下。舒尔茨（T. W. Schultz）与约翰逊（D. G. Johnson）搞农业经济，本来志同道合，但他俩忙于行政工作。另一个约翰逊（H. G. Johnson）视我如弟弟，我感激，但他一半时间在伦敦。蒙代尔（R. Mundell）是个怪天才，编辑名满天下的

《政治经济学报》，我只在酒会时才能与他多谈几句。L. Telser 是个独行侠，H. Usawa 带他的一群学生，Z. Griliches 整天看数据，G. Tolley 有他自己的项目——虽然大家常有来往，但研究的兴趣有别。余下是几个像我这样的后生小子了。

芝加哥的法律学院别有天地。戴维德（A. Director）是我的英雄，但比我年长三十四岁，正退休，我不便常常请教他。科斯也在法律学院，编辑《法律经济学报》，研究兴趣与我相近，治学方法一样，所以谈得来。我与科斯的往事，写得多了，这里不多说。

芝加哥学派名不虚传。这学派不是外间说的高举自由市场，或是大捧货币理论，而是他们重视理论或假说的事实验证。洛杉矶加大的经济系也同样重视，只是远不及芝大那样人多势众，“思想斗争”远不及芝大那样热闹。

我认为经济学除了解释现象没有其他用途，就是提出政策建议，经济学的贡献是解释政策会引起的效果。我走经济解释（事实验证）的路走了整整四十年，洛杉矶加大与芝加哥大学的影响先入为主。这方面我可能比他们还要坚持，而向浅中求、简化理论的法门，也是他们的影响，但我可能走得比较极端。

重视局限的真实性，首先影响我的是芝大的奈特（F. H. Knight），我在那里时他还健在，有机会两次表达了我的仰慕之情。然而，坚持考查局限的影响，主要来自科斯。至于我不喜欢动不动找统计数据，喜欢在街头巷尾跑，对古灵精怪的小现象笔下留神，则是五十年前太宁街的影响了。

我只在芝大停留了两年就迁往西雅图去。是不容易的决定。科斯多次挽留，而哈伯格大幅提升我的薪酬。所有人都说，一个初出道的经济学子，有机会不多留于芝大几年是大傻瓜。问题是我生于香港，从小爱海，而西雅图的海美绝天下。另一方面，芝加哥的学术气氛太热闹，我要找个地方宁静下来。

Griliches 是好朋友，当时提供他的看法："任何年轻的经济学者要离开芝大都不智，因为需要芝大同事的影响与营养。你可能是个例外，因为你永远活在自己的天地中。"

掷花飞叶好文章

一九六九我从芝大转到西雅图的华盛顿大学

时，《佃农理论》已经发表了。我带着去还要修改一下的，是一篇题为《合约的结构与非私产理论》的文稿。该文一九七〇年发表，三十多年来影响有重量，虽然很多关于implicit contract与incomplete contract的文章，作者没有提到出自该文。

华大聘请我时没有读过我的文章，只听到有个思想奇特的怪人就下注。几个月后他们无端端投票通过升我为正教授，也没有真的读过我的文章。大学虽多，恐怕只有当时做系主任的诺斯（D. C. North）才会这样做。初抵华大时，遇到正要去英国造访一年的巴泽尔。他问我正在研究什么，我把那《合约结构》的文稿给他看，他读后交还给我，没说什么。

巴泽尔重视我的思维，是他访英后回华大，听到同事J. McGee大赞我对捆绑销售的看法，读了我在一九六八年发表的《私产与佃农》，吓了一下，然后读我所有发表过或还未发表的文章。一九七二我发表《儿女产权与婚姻合约》，七三发表《蜜蜂的神话》，七四发表《价格管制理论》……每篇发表前都经过巴泽尔过目，提出改进的建议。他认为我的思维无奇不有，怪招层出不穷，但无论怎样变化，我永远坚守价格理论的几个基础原则。

不容易想象有更好的同事。巴泽尔博士芝大，师从哈伯格，统计学承受了 A. Wallace 的传统，名门之后也。一位华大同事给予巴泽尔一个中肯评价：He knows what counts！是一种非常难得的学问。深的、浅的无所谓，但不重要的巴泽尔不管，也不知道。只管重要的学问为学问，是一种天赋。好比当时搞得复杂无比的统计分析，巴泽尔不懂，但他懂的统计理念，不可或缺。

巴泽尔的思维细致紧密。他有疑问我要多想一下，但如果他不反对我就心安理得，不管他人怎样说。我自己喜欢奔放思想，有时为了过瘾一下，铤而走险。这样的思维总要有点约束，而巴泽尔就是这样的一个约束者。他从来没有说我想错，只是有时说这里那里不要去得太尽。我是因为有巴泽尔在旁监管，有个靠山，把奔放的思想都放出去。

一九六九年在香港搜集了香港租金管制的资料，要研究价格管制，目的是要推出当一个价受到压制，竞争的行为会怎样。肯定的初步答案，是当价作为一个决定胜负的准则被压制，其他准则会出现，而这些其他准则会导致租值消散。不是浅思维，就是今天一般经济学者走不到那么远。一九七二年，巴泽尔同意这看法重要，开始研究因为价格管制而引起的排队轮购的经济分析。

我的困难是香港租金管制的经验，消散了的租值显然只是一部分。这问题使我想了很久，得到的答案，是在争取极大化的假设下，租值消散是在局限下的最低消散。后来于一九七四年发表了《价格管制理论》。石沉大海多年，这篇文章起死回生，传世的机会愈来愈大了。

这里提出，是因为当年写该文，巴泽尔不断支持，不断鼓励，认为该文石破天惊。这里有一个外人不容易明白的学术哲理。那是到了思维的艰深高处，如果没有一个识者在旁不断打气，不容易成事。我怀疑如果巴泽尔当时没有站在旁边不断拍掌，我那关于价格管制的文章会终于写出来。

华大当年的经济系不弱，使后来有人称“华大学派”，诺斯屡次推我为首。很多时他是我授课的座上客。此公对思想重要性的判断不凡，后来因为把交易费用的思维引进历史研究，拿得诺贝尔经济学奖。

想当年，思如泉涌，信手拈来皆创意，掷花飞叶好文章。《蜜蜂的神话》前前后后只花了三个月，《座位票价》只用了两个晚上。这样水平的文章一年发表三几篇易如反掌，而通常是还未动笔就有学报编辑索稿，用不着评审。可惜当时我料不到这些文章数十年后还受到注意，以为自己要博大的才有大成，于是找庞大、困难而又重要的入手。于今回顾，这是失败。

三个庞大题材把我弄得筋疲力尽。其一是上文提过的香港租金管制，文件数十箱，单是阐释数十年的法例演变就用了两年。这个题材我只做了一半，太累停手，发表过三篇文章，一篇拿得美国某机构的最佳法律论文奖，一篇刊登排头，最重要就是那篇《价格管制理论》。

第二项庞大题材，是发明专利与商业秘密的产出、界定与租用。当时没有谁不认为是重要的题材，而施蒂格勒等朋友说我是处理这题材的第一人选。有研究金，购买了不少合约文件，但几个月下来，助手和我就知道很困难，因为每项发明专利都是我们看不懂的科技术语，且项项不同。困难是我收了人家提供的研究金，退既不易，进也难行。一九七七年写了一份很长的中期研究报告，主要有三部分：较为不重要的两部分发表了文章；

最重要的部分有待反复思考、改进，但搁置下来没有动工。可幸今天找到那一九七七年的、题为《产权与发明》的报告文稿，重读最重要的那部分，拍案叫绝，自己今天不会想得出来，也证明智力是退化了。

第三更庞大，是为石油公司做的因为一件反托拉斯案而要解释的石油工业合约。我的职责是不管谁对谁错，只是解释为什么会有存在的合约安排。是顾问工作，酬金不少，但我的兴趣是那些奇怪合约，不做顾问不可能拿得样本及有关资料。文件占了大半个车房，花了六年时间，研究做得好，但是雇主之物，不能发表。当时答应在“案”后让我发表的只是一篇短文，关于期货市场，文稿遗失了二十多年，两年前巴泽尔替我找回来。

今天一些朋友认为，如果当年我继续写博士后几年那类文章，华大经济学派可见经传矣。然而，区区在下无足轻重，为什么不让我大赌几手呢？学问的争取如沙场混战，行雷闪电，狂风暴雨。诗中有云：醉卧沙场君莫笑，古来征战几人回？

一蓑烟雨任平生

一九八〇年十二月，底特律的一个会议中，科斯约见我。到咖啡室坐下来，他郑重地说："听说中国有迹象开放，你要回到中国去。"他一向认为炎黄子孙了不起，关心中国，但这样说有点突如其来，我不知怎样回应。他是个非常传统的英国绅士，一举一动皆合礼仪，隐居，绝少见客。如今隆重约见，只说这句话，是不寻常的要求了。

我默不作声，过了良久，他解释说："如果中国真的改革制度，你所知的没有谁可以相比，何况懂中文，能适当地向北京解释制度运作的只有你一个。你没有理由推却我的要求。中国不改革也就算了，但如果他们要改，你的贡献会比留在美国大得多，虽然大家对你这些年的学术成就没有怀疑。"

中国要改革经济体制，外来的建议当然五花八门。科斯和我研究产权与交易费用，知道任何其他角度看制度都不管用。然而，在同一范畴内，我坚持解释现象，坚持这解释要基于产权界定与交易费用作为局限处理，也坚持这些局限的转变是需要考察得到的事实，不接受空中楼阁的术语。是的，知道掌握到真理，我是个非常顽固的人。

八十年代中期开始被称为“新制度经济”的学问，起于六十年代初期，我自始就身在其中。调查局限及其转变需要很大的魄力，我比科斯与阿尔钦年轻二十多岁，落手落脚的功夫做得比较多。可能是这个原因，巴泽尔认为在产权界定与交易费用的研究上，一九六九年我就是行内的第一把手了。

可以这样说：当一九八二年回港工作时，关于制度运作的知识，如果北京的朋友需要，我是个可以替他们打通经脉的人。但我不是个“改革者”，不认为自己可以改进世界，何况平生讨厌政治，怎样也要避免卷进任何政治活动中。另一方面，在广西饿死的小朋友我不能忘记，觉得有责任为中国的青年做些什么。

后来以浅白的语言解释制度运作，我的立场是既不领功，也不勉强。只希望很多很多的解释文字放了出去，北京的朋友会考虑，会选择。他们怎样选我管不着，但从那时到今天，我知道他们考虑无间。

一九七九年到广州会见长姊，离别了二十二年，大家感慨万千。只几天之行，我知道国内的大概情况。跟着一九八〇年动笔一九八一年完稿一九八二年发表了《中国会走向资本主义的道路吗？》，推断了中国会走市场经济的路。该文的重要地方，不是做出准确的推断，而是文内提供了一个理论架构，让我能以之作为基础，继续观察及分析中国的发展。

科斯对中国改革的主要贡献，不是私有产权对资源使用重要的老生常谈，而是他提出从界定权利的角度看私产。“私”字当头，北京大忌，就是到了今天他们以“民”为“私”！然而，有了科斯的启发，我把“权利界定”这理念推出去，却被接受了。权利界定是市场经济的先决条件——是我发明的科斯定律。

想当年，北京的朋友同意人与人之间的权利要有清楚的界定，但名称上产权谁属他们有保留。“天下为公”很好听，既然权利界定是卖羊肉，他们不愿意挂上“私有”这只狗头。我说“所有权”（ownership right）毫不重要，可以跟使用权分离，需要清楚界定的是使用权、转让权与收入享受权——我在一九七〇的一篇文章说过的。几年前到中共中央党校讲话，款待我的一位院长提及一九八六我在北京首都钢铁厂讲话时，他在座，听到我建议把所有权与使用权分开，听者不相信，但后来愈想愈行得通。

跟踪中国的改革发展二十六年，从那里学得的知识比他们跟我学的多出不知多少倍。本来痛惜关于中国经改的分析大部分以中文下笔，鬼子佬无从拜我为师，然而，编辑自己的英语文章结集，发觉久不久以英文下笔的关于中国改革的文章，加起来颇全面，有可观。

回头说一九八二回港任职时，带着的还未发表的文稿是《公司的合约本质》。这篇文章从一九六八想到一九八一才动笔。该文有一个重点思维起于一九六三年。当时做研究生，专注价格理论，认为新古典的理论架构有个大困难：这传统把产品市场与生产要素市场分开处理，使我愈读愈糊涂，愈想愈不通。后来想通了：市场就是市场，没有产品市场与要素市场之分，只是合约的安排有所不同罢了。虽然一九八三发表的《公司的合约本质》指出这点，而该文受到注意，但该重点一般读者似乎忽略了。

七十年代初期，诺斯等几位朋友认为我是唯一的可以全面革新价格理论的人。有点无稽，但衷心直说，我认为他们说的不一定错。当时我想，马歇尔（A. Marshall）划定下来的新古典理论架构有启发性，但失误频频，而如果要革新，我必须提供一个新架构。架构有不同的建造方法，我应该从自己专长的解释现象那方向建造，不管其他。为这心愿我跑遍街头巷尾数十年，自觉解释得心应手，等到六十五岁才动笔写下三卷本的《经济解释》。以中文动笔，有待翻译，这三卷本的重量可以与英语文章结集打个平手。这样算，回港后多赚出来的是逾千篇的中语散文了。

香港的经济学术水平我不敢评论。曾经试过，由香港政府委任的什么评审组织，以十分为最高来评审学术研究水平，整个香港的经济学者中只有我一个拿零分，破了纪录。

戴天三次说我有苏东坡的才华，有待考证乎？很不幸，才华不知有没有，但苏东坡的际遇我是有的。苏子云："吾平生遭口语无数，盖命在牛、斗之间……今谤我者或云死，或云仙。"

那就让我以苏子的《定风波》结笔吧：

莫听穿林打叶声，何妨吟啸且徐行。竹杖芒鞋轻胜马，谁怕？一蓑烟雨任平生。

料峭春风吹酒醒，微冷，山头斜照却相迎。回首向来萧瑟处，归去，也无风雨也无晴。

我坐在那里时，他站起来，望着窗外，仿佛自言自语地说：“我们都不怀疑你是可造之才，所以要苛求一点。你要知道，不管你脑子如何了得，文章写得不清楚，在学术上就难有大成。”

第二章：老师的启发——阿尔钦

（发表于一九九〇年四月六日
至一九九〇年五月十一日）

阿尔钦（Armen A. Alchian）是我的老师。这个师生关系，经济学行内很多人都知道。较少人知道的是，我没有正式选修过他的课。我是他的旁听生，重复又重复地旁听了五个学期。这个师生关系的发展很有意思，我试把它写出来，希望后学的人能知道某一种教与学的方法是怎样的。

听风声如雷贯耳

六〇年代初期，洛杉矶加州大学的经济系在国际上不见经传，但于今回顾，那时其实是如日中天。赫舒拉发（J. Hirshleifer）、布鲁纳（K.

Brunner）、阿尔钦当时都任职该校，是他们的全盛时期，锋芒毕露，不过，我离开加大之后他们才真正举世知名。跟我一起在研究院就读的好几位同学也是高人一等。当时我不知道，后来我到了芝加哥大学任职，见到那里有口皆碑的“明星”学生，相比之下，就知道了。如今，这些旧同学都大有建树。

我是一九五九年进入加大的，起先打算读商科，但过了一个学期就转攻经济。在经济系上了几天课，就听到一些研究班的同学谈及阿尔钦的事。他们对阿氏肃然起敬，说他如何高深莫测。阿氏当时不教低班，也少在校园走动，我没有机会见到他。然而，关于他的超凡本领，我时有所闻。有一次跟有名的 Scoville 教授闲谈，说到阿尔钦时，我提起听来的有关阿氏出神入化的本领，他笑笑说：“没有如此厉害吧，起码他自己不会同意。但他可能是当世最优秀的价格理论家。”我从小没有偶像，对任何人都不崇拜，但思想对我有很特别的吸引力，听到阿尔钦有如天马行空，心焉向往，恨不得立刻可以上他的课。

我是六一年进入研究院的；那时阿尔钦到了斯坦福大学做客座教授。于是，我的价格理论跟一位从哈佛来的教授（R. E. Baldwin）选修。有一次，另一教授（C. Miller）在课室里谈到知名度的问题，提起阿尔钦，他肯定地说："目前只有行内的高手知道他的本领，但成名应该是迟早的事。"言犹在耳，大名鼎鼎的萨缪尔森（P. A. Samuelson）到加大演说，听众济济一堂。某学生提出一个问题，萨氏回答说："且让我教你一些价格理论……"他说着马上停下来张目四顾，改口说："啊，我说错了，在你们这个地方我怎敢教价格理论呢？"全室大笑！大家东张西望，要找一个人。那时阿尔钦在斯坦福，而在座听众都知道萨氏指的是什么与谁。

选修过的科目是不可以再修的。我在六二年获硕士后，尚要选修的主要科不多，旁听就成了习惯。价格理论是经济学的重心所在，我当然特别关心。在阿尔钦回加大之前，我旁听的主要对象是赫舒拉发。后者毕业于哈佛，曾在芝加哥大学任教，价格理论中他专研投资理论，近二十年来举世商学院大行其道的金融学，赫氏是开山鼻祖。（我也旁听过赫氏五个学期，与他的师生关系也有不少可写之处，这是题外话。）

有一次，赫氏教到收入变动对需求的影响，一位同学举手大声说："阿尔钦说收入是不会影响需求的！”赫氏停下来，把讲义推开，神秘地微笑道：“我不知道阿尔钦为什么会说这样愚蠢的话。我告诉你一个真实的故事吧。很多年前，在兰克公司的一个会议上，我遇到阿尔钦。那是我第一次遇见他。在研讨中，阿尔钦提出一个观点，愚蠢得难以置信，所有在座的人都认为他错了。很多人向他解释，但他老是不明白，坚持己见。我想，这个人真是蠢得可怜。过了好一会，我见他耽搁时间，就亲自向他解释为什么他是错了。殊不知说到一半，我突然发觉所有人都错，只有他才是对的。”

后来有机会与赫舒拉发谈起思想的问题，我好奇地问：“你与阿尔钦相比如何？”他坦率地回答：“我所知的广博，他的范围比较狭窄，但如无底深潭。”于今想来，这是识英雄、重英雄的衷心话。

以上是我遇到阿尔钦之前，所知道的有关他的一些事情。我心目中认为他不会像传说中那样出神入化，但我知道，能听到阿氏的课是难得的际遇。我硕士的成绩好，本来打算转到芝加哥大学去，拜师于弗里德曼门下，但听到阿氏快回加大，就打消去意。我本来也打算在六二年考博士试的，但因为要先上阿氏的课，要考他出的博士试卷，就改迟了一年。好些同学有意避去阿氏的试题，但有几位却像我一样，明知困难而为之。可以说，在听阿氏的课之前，我的心理准备是足够的。

称石头量度武断

一九六三年初，我开始旁听阿尔钦的课。他有一条众人皆知的规例：旁听生在课堂上不准发问，也不准答话。在大学上课，我是一向不做笔记的，但总带着几张纸，装模作样地画点什么。阿氏既然连问也不准问，我就索性连纸笔也不带了，专心聆听，一早就走进课室，找一个少人注意的角落，静静地坐着，如临大敌。

第一课，课室坐满了人——大概有五十多人吧——那差不多是当时整个研究院的学生了，大部分是旁听生。铃声一响，阿尔钦进入课室，鸦雀无声。我细看这个传奇人物，见他长得高瘦，头发有点斑白，领带打得走了样，西服陈旧，但还算清洁。他向窗外望，笑了几下。“哈，这么多人！我敢打赌，几星期以后一半的人会不见了。”我想，他是指我们这些旁听生吧。没有学生回应。他好像有点尴尬，继续说：“我从来不备课，没有讲义。从早到晚都在想的问题，天天想，想了那么多年，是不用准备的吧。讲义对我没有什么用处；今天写下来的，明天的想法又有点不同了。”

他从口袋里拿出两张残旧不堪的纸头，解释说：“我知道，如果没有一份做参考用的读物表，你们就会麻烦我。这两张读物表是学生几年前逼我编出来的。只有这一份，你们影印后要还我。介绍这些读物只是为了应酬，与我教的不一定有关系，你们可以不读。”这样，下课后我和几位同学就抢着到图书馆去，争先恐后地找那些读物，跟着大家君子协定，作谁先读谁后读的安排。我们都听说阿尔钦对一般读物看不上眼，认为没有什么值得读的。如今竟然有此读物表，秘笈无疑也。

就这样，他开始讲课了。他说：“假若你在一个有很多石头的海滩上，没有任何量度的工具，而你要知道某一块石头的重量，怎么办？”问题提出来后，没有回应他不会继续，这是大家预先知道的。正式选修的同学此起彼落地提出各个办法，但每个办法都证明不可行。下课的铃声响了，一位同学来不及把话说完，阿氏已匆匆离去。这是第一课。

每星期三课，每课五十分钟，课上都在谈量度石头的重量，都找不到办法。这样就花了几个星期时间。显然，与经济学似乎无关的事，同学们都认为其中必定大有玄机。过了不久，每次下课后我和几位同学就开会讨论阿氏在课室上所说过的话，要寻求他所指的是什么，和有什么含义。这个课后学生自搞的小组（后来维持了两年），在不知不觉间，使我们对价格理论的认识、运用，大有所获。

一位老一辈的，在几年前上过阿尔钦教的统计学课的同学，见我们在“石头”的问题上打转时有点心灰意冷，便安慰我们，说阿氏教统计，从头到尾都在谈赌马，最后大家从赌马中学得统计学所有的基本概念。赌马显然与统计有关，但石头呢？难道我们要糊里糊涂地在石头的问题上花一个学期？

第五个星期，阿氏进课室时满面笑容，欣然自得，问：“你们明白了没有？”学生反问：“明白什么？”答曰：“量度石头重量的困难。”他于是指出，量度必定是武断的事，是武断而又有系统地将数字排列、分配、定名。他跟着谈到不同量度系统的局限，功用的含义，功用理论运作的基本条件，量度与推断的关系，客观与价值观的区别，需求定律的重要，福利经济与科学扯不上关系，等等。在五十分钟内，他如长江大河，滔滔不绝，使我听得呆了。其见解的精辟，其逻辑的紧密，其哲理的湛深，使我意识到学问是可以这样迷人的。

古人说的“学究天人”会使人有高不可攀的感觉。说阿氏学究天人，本来不错，但他那样淡然处之，不渲不染，对重点的刻画挥洒自如，使我觉得他在学问上的深度，我也有机会达到。从那天起，在敬佩阿氏之余，我有了自信。假若没有经过那四个星期去想石头的如何量度，我不会在五十分钟之内被阿氏说服的吧。在此之前，我对福利经济很感兴趣，下过不少功夫，但从那天起，我不再涉及福利经济的问题。

学期很快过去了。阿尔钦明显地错了一点：他推断学生人数会减少一半，结果并非如此。选修也好、旁听也好，到学期结束时，课室还是满满的。后来有人说，有我们那个小组坐镇，或多或少起了一点作用。

交易费用看货币

第二个学期，阿尔钦一进课室就问：“什么是货币？”这是经济学幼儿班的问题，任何学生都知道答案。但问题由阿尔钦提出，大家都知道课本上的答案不管用，无谓自取其“辱”，所以没有谁敢回答半句。阿氏把问题重复，到最后，有一位同学终于大胆地反问了：“什么是货币？”

“为什么马铃薯不是货币？所有的书本都说马铃薯可以是货币，但为什么从来没有任何社会以马铃薯做货币呢？”他继续发问。这一提点，聪明的选修同学们就有很多意见了。其中有几个表现很不俗的，都读过施蒂格勒（G. J. Stigler）发表于一九六一年的、关于讯息费用与价格差异的文章（后来施氏因该文而获诺贝尔奖），所以立刻从马铃薯携带不便、保存不易、大小不一等问题上谈到价格差异的问题。如是者搞了三个星期，黑板上的方程式此上彼落、写写抹抹，为的是证明货币之所以为货币，是由于买卖之间的价格差异最小。可惜完满的答案始终得不到。若干年后，阿氏发表了《什么是货币？》，其答案还是有待商榷的。

浅得大家不知道

阿尔钦的教学方法自成一家，要学也学不来。

他对课程不整理，讲解时没有大纲，题材与科目不一定有关系，而他提出的问题，连他自己也往往没有答案。他的本领是提出新的角度来，诱发学生对明显不过的答案要重新思考、衡量。在他的引导下，我们不敢肯定自以为“知道”的，再浅显的答案我们也要再次地想，一层层地想下去。他教我们不要放过一个术语的任何意义，而经济学的最终目的是解释行为。他很随和，说话不多，对自己不认可的理论或观点，他很少痛下批评，在课室上只是轻轻摆手，微微一笑，大家便会意了。对他稍为首肯的文章，我们就要跑到图书馆去找。有这样的感染力，是因为每一成见，经过他提点之后都或多或少地改变了。

阿尔钦所提出的问题都很浅白，像小孩子发问一样。几年后——一九六七年——我到了芝加哥大学，在一个酒会上遇见施蒂格勒。他不知我是谁，在谈话中我向他提出一个浅显的问题，他说：“啊，你一定是史提芬，只有阿尔钦教出来的人才会问这样愚蠢的问题！”跟着哈哈大笑，亲热地带着我介绍给其他的长辈。

在某方面说，阿尔钦对学生是很冷淡的。例如他不准旁听生发问，在办公室里往往不接见学生。然而，学生们提起他不仅敬重，而且对他很喜爱。这显然是因为，除了不肯给学生多点时间之外，他与任何学生对话都平起平坐，对每个学生的观点他都客观地衡量，从不把自己的观点强“压”其上。给他有力的分析“战”败了的学生，会觉得自己跟阿尔钦交过手，纵然惨败也觉得有所收获，且有舒适感。任何辩论，他从不把自己的观点刻意维护。他追求的只是真理，谁对谁错于他毫不重要。一位同学说，他是个做梦者，跟他对话仿佛感觉到梦的回应。我自己的感受是，有如跟一个忘我的脑子对话。

在课室上，我只有一次见过阿尔钦使一个学生难以下台。他提出一个问题，那学生回答后，他问：“要跟我打赌吗？”学生说：“我不是赌徒。”“假若我以一千元对你一元呢，你赌不赌？”“那么我赌。”“你刚才不是说过你不是赌徒吗？”学生无言以对。哄堂大笑之后，阿氏抱歉地解释：“不要说‘不赌’那样的话。我们每个人从早到晚都在下赌注，几分钟以后的事没有人可以肯定，而我们决定做什么就是一个赌注了。到市场付钱买鸡蛋，我们不能肯定鸡蛋不是坏的，所以买鸡蛋也是下赌注。”话题打开，他又转到投资与风险的问题上，并且是重要的一课。

当年，斯坦福大学有三位极“左”的马克思理论者，都是名家。不知是谁想出来的主意，邀请了这三位马氏信徒与阿尔钦及两位学者，在加州海岸的一个小市镇，一连数天举行辩论会。我没有机会在场当听众，引以为憾。据说阿氏在那次辩论中一反常态，措辞锋利，弄得不欢而散。报道有云：阿尔钦在会上不放过对方的任何术语，要求他们解释每一术语的含义，节节进迫，对手实在答不出来，所以拍案而起了。

思想来去无踪，连大纲也没有的教学方法，虽然同学们都很欣赏，但当时大家却认为，这只适宜于教授研究院中水平高的学生，次等的或低班的就不成。这观点，后来证明是错了。我离开加大多年后，阿氏转为专教大学的一年级学生。据说听课的学生数以百计，站着的也挤得水泄不通，并且，阿氏被年轻的学生选为最佳教授。后来遇到阿尔钦，我问及此事，他很开心，津津乐道，说年轻的学生能协助他维持灵活的思考，也使他更能明白教学的方法。

孺子可教入室去

旁听生不能发问——我是不甘于接受这一事实的。我知道从课室到阿尔钦的办公室要走几分钟路，于是就打这几分钟路的主意。第三个学期，我选了近门的座位，下课的铃声一响，我随即冲出去，在他身旁一边走一边提出我已准备好的问题。他的回应，是问我有否读过某些有关的文章。我说没有，他就不再多说，急步而去了。

这样，他逼使我在发问之前，先作充分的准备。一想到不懂的难题，我就到图书馆搜集有关的资料，通宵达旦地翻阅，将题目改了又改，发觉尚有不明之处才去问他。他反问有关的读物时，我对答如流，指出每篇文章的缺点，他于是点点头，打开办公室的门，请我进去。由于我对问题下过工夫，无事不登三宝殿，他通常不容易解答我的"质疑"，坐下来想想就总得花一小段时间了。后来我可以在其他时间到他的办公室去找他，使不少同学羡慕。

有一些问题，我曾与阿尔钦研讨过很多次，也有一些直至今天我们还是没有满意的答案的。这些问题都很浅。什么是失业？实质利率从何量度？

在有竞争的市场上，为什么买卖双方会讨价还价？为什么香港房地产经纪的佣金比美国的低那么多？为什么在日本的餐室，顾客不给小费？……这些浅题目，在经济学上很重要，因为如果有了一个可取的答案，就可以一般化，推展到很多其他的事情上去。即使今天，任何人能逻辑井然地解答两三个这样的问题，就可见经传了。

佃农理论被赏识

一九六四年我开始写论文，导师当然选阿尔钦与赫舒拉发。每选一个题目，他们都很高兴，但由于资料不足，自己知难而退。题目于是一改再改，改了好几次后，他们对我有点失望了。六五年夏天，我决定暂时抛开论文，从事摄影六个月。六六年初卷土重来，过了几个月钻图书馆的生涯，在该年四月决定了论文的题目：《佃农理论——引证于中国的农业及台湾的土地改革》。

我苦思三日，写下了十一页纸。那时我在加州的长滩大学任教职，将这十一页初稿寄到加大去，他们定了集会研讨的日期，是一个星期一的下午，五时开会。该日赴加大之会，只见很多教授都在座。我还未发言，他们读到我稿上第一页所做的六个结论，一致认为我全盘错了。我不知从何说起，而他们大家开始争论，一争就花了个把小时，我好不容易才说服他们不要管那第一页，让我由第二页说起。

第二页花了三个小时，每一句我都要答辩，详加解释，而在座诸君又互相争论不休，真是一塌糊涂。直到晚上快十时了，阿尔钦看手表，跑了，其他的人接二连三地离去。余下来的只有 E. Thompson 一人，继续和我争论。他是经济学行内的一个怪杰，是个天才，但我无心恋战。自己认为可以交得出去的论文初稿，两年多来就只有那十一页纸，如此收场，啼笑皆非，还有什么可说的？

晚上十一时，我心情沉重，到加大邻近的餐室去吃点东西，呆坐了一阵，终于鼓起勇气打个电话给赫舒拉发，问他我是否应将题目放弃。他惊愕地回答："为什么放弃呀？我没有见过那样精彩的论文！"在驾车回长滩的路上，我是兴奋的。我隐约地意识到教授们的争论，是因为我"击中"了一些重点。我后来才知道，佃农理论在我之前已有二百年的发展了。我完全没有考查过前贤之见，只以为要解释农业经济，应有一个佃农理论，就自创了出来，殊不知其结论与传统的相反。

早上回到长滩大学办公室，知道阿尔钦曾给我电话，我立刻挂回一个给他。他说："你的几个结论与我们所知的完全相反，像昨天那样的争论，不是办法。你不用再来，等我在研讨班上跟学生讨论之后才决定好了。"此后，每隔几天，关心的同学就给我通报，说他们找不到什么错处。三个星期过去了，阿尔钦给我电话，简单地说："你可以正式动笔了；要准备用两年的时间。"我说："一年够了吧。""通常不够，你不妨试试看。"

论文写不到一半就获得芝加哥大学的通知，给我一个奖金，要我到那里去。我于是不到一年就将论文赶起了。后来我才知道，是杜玛（E. Domar）教授将我论文的第一章寄给芝大的约翰逊（D. G. Johnson）教授的。约翰逊曾经发表过佃农理论，我在论文中对他的分析手起刀落。他确有大将之风，不仅不介意，还再三要赫舒拉发催我申请芝大每年一个的奖金。我见论文尚未完成，迟迟不敢申请，后来见过了期限，赫氏还在问我的申请信寄出没有，就姑且照办了。两天后就收到芝大的电报。原来他们只看一章就定了奖，但要等我的申请信。

那一章，差不多不是我写的！

带我到学问深处

听到阿尔钦准许我正式执笔写论文，兴奋之极。当时我在长滩大学任教的工作很沉重，每星期要教十二课。同事德沃夏克（E. Dvorak，是目前美国西区经济学会的主事人）认为我的论文可大可小，替我紧张起来，在校内任何事情都维护着我，给我很多方便。我不停地工作了一个月，再三修改才完成了第一章，是关于理论本身的，大约四十页，寄了给赫舒拉发与阿尔钦。过了一个星期，约定时间，就到加大去见他们。

赫氏一见我面就大加赞赏，把文稿交回给我，只见他修改了几处，提出了一些问题。跟着，我兴高采烈地去找阿尔钦，他没有说什么，只把文稿交还给我。我一看，几乎哭了出来。阿氏在我的原稿上密密麻麻地写满了小字，作了修改，提出质疑，每页上满满的都是他的字迹，差不多把我稿上的“打”字完全遮盖住了。在整章中，我的每一句他都不放过！

我望着他呆了一阵，说："我已经修改过好几次的呀！""那算得什么，我那篇关于功用的文章修改了不下二十次。"我很失望，转身就跑。那天晚上回家，我坐在桌前细读阿氏的每一个质疑，每一处修改，愈看愈心惊，愈看愈佩服。我将他提出的每一点，经过深思后，反复地考虑、"化解"，直到我消化了他的最后一个评语，觉得自己在学识上似乎升了一级，判若两人。一看手表，十七个小时过去了。我想起昨天在阿氏面前的失态，实在尴尬。于是拿起笔写了一封信给他，内容大致是这样的："抱歉昨天对你没有礼貌。回家后我用了十七个小时细读你的评语，才知道山外有山。我答应你将尽力而为，相信《理论》这一章的第二稿会有进步。"

对好学生要苛求

一个月后，阿尔钦看了该章的第二稿，叫我去见他。这次他显得很高兴，将那修改得很少的文稿交还给我。我坐在那里时，他站起来，望着窗外，仿佛自言自语地说："我们都不怀疑你是可造之才，所以要苛求一点。你要知道，不管你脑子如何了得，文章写得不清楚，在学术上就难有大成。读了你的第二稿，将来替你写介绍信时我可以说，你懂得怎样写明朗的文章。”

是的，我是从阿尔钦那里学到写明朗的文章。这法门说来甚易：只要有一篇比较深入的、几十页的分析文字写得清楚，以后写任何文章都显得清楚了！困难是，学写的人要找到一个像阿尔钦那样的高手，肯不厌其详地替你密密麻麻地下评语——这种际遇，是可遇不可求的。

在赫舒拉发与阿尔钦的指导下写论文，一年之中我学习到的，比此前在研究院的几年还要多。上课、读书、研讨、考试等都是学习，但没有机会运用。学而不用，自己所学的怎样明白也不能真正地登堂入室。用上了，才会知道哪些理论其妙无穷、得心应手，哪些理论中看不中用。用得多了，就可将五花八门、复杂无比的理论简化。真的，在今天，我听任何经济学者的学术讲话，单看他理论的简单程度与正确性如何，就可以很快地知道他有没有老老实实地对理论的运用下过功夫。我跟老师们学写论文最大的收获，并非理论那一章，而是后来怎样去运用它。

卸责处理有分歧

一九六八年，阿尔钦到芝加哥大学访问一年。那时我刚好在芝大，与他有更多的倾谈机会了。某天午餐上谈到一个问题，使我们后来在交易费用与公司组织这个重要的题材上意见分歧。我当时举出下述的例子。假若有两个人要搬运石头下山，各自搬运的话，则每人每次可搬五十磅，加起来是一百磅。但假若二人合作，一起搬运，每次可搬一百二十磅。问题是，二人合作，每人试将一部分重量转移到对方那里去，所以结果会少于一百二十磅。然而，若合作中大家的“卸责”行为使重量低于一百磅，那么他们就会不合作，宁可各自搬运。因此，合作搬运的重量必定是在一百磅与一百二十磅之间。在有竞争的情况下，这个合作搬运的重量从何而定呢？这也是说，哪些局限条件能使我们求出合作的均衡点？

这个问题，直至今天还没有答案。后来阿尔钦从合作增产与卸责行为的角度，与德姆塞茨（H. Demsetz）在一九七二年联合发表了关于公司组织与经理监管的理论。今天在经济学报上触目皆是的“经理”理论文章，大都是由他们的大作触发而写成的。我和科斯（R. H. Coase）不同意他们的分析，认为以“卸责”为要点是走入歧途。我自己以不同合约的选择来处理同一个问题，要到一九八三年才发表《公司的合约本质》。

从影响与普及那方面看，目前阿氏（合写）之作比我的强得多。这可能因为他们的文章比我的早出十一年，先拔头筹。我想来想去也想不到“卸责”这个概念有什么用。人当然会卸责，但这只不过是自私行为中的某种表现而已。说人自私，又说卸责，岂不是重复了吗？

产权之父不介意

在产权与交易费用这个问题上，科斯与阿尔钦的贡献是应获诺贝尔奖的。阿氏虽被称为“产权理论之父”，但他在这方面的主要影响，是课室上的口述传统，以及他的学生或朋友把他说过的观点写出来成为文章。他自己当年在产权理论上较少动笔，看来大概是因为科斯在一九六〇年奇兵突出，发表了那篇石破天惊之作，过不了几年，“科斯定律”就有口皆碑了。阿尔钦很大方，对科斯的鸿文极力赞扬，要学生们一读再读。

科斯获诺贝尔奖的机会比阿尔钦高。阿氏不介于怀，直言科斯获奖比他更加值得。这一点，他的学生是不会同意的。

失败后卷土重来

好些朋友要求我写下我求学的事。这可不是因为我书读得好，在学术上有些成就，而是这些朋友知道我在中小学时一败涂地，连升级也有困难。不少人的学术成就比我大得多，但人们对他们的求学经历却没有那样感兴趣。我想，上述的一些朋友有子女，其中有些子女读书不成，或平平无奇，或朋友本身也想知道求学之道，所以就想到我这边来吧。关于求学之道，曾经失败过的人，真的可能比那些从小就考第一的或成绩特优的知道多一点。单知成功，不知失败，对求学的认识似乎没有那么全面。

由于我的经历较为独特，朋友向我问求学之道，应该比问我买什么股票高明得多。一九八四年我为此发表了《读书的方法》与《思考的方法》，很多学生阅读。但朋友们还说写得不够，要我将自己屡败屡战的经历写出来，公之于世。这差不多要我写自传了，那不成。折中的办法，是写一些阿尔钦和我的有关师生发展的经历，但因为工余时间无多，我只能草草下笔，简略地说了一些。

在这里补充一下。我认为一个青年是否读书之材，在二十五岁之前难以肯定。我二十三岁才算认真开始读书，七年之后就获得长滩大学的最佳教授奖，但在二十三岁之前，没有谁会说我是读书的材料。不要以为我是个例外。我起码见过四个中学时读书不成的学生，到了大学突飞猛进，变得神乎其技！我的一个姨甥，在香港的中学读得还不错，但进不了香港的大学，心灰意冷地跑到美国跟我一起，教了他一点法门，只六年就拿到了博士，现在是国际知名的学者了。也不要以为美国的大学容易读，比不上香港的。香港与美国学术水平之差别，是毋庸细说的。

除了一些天生下来脑子有缺陷的青年——这些人少之又少，或是那些精神上有问题的不说外，我们实在不能对任何一个青年下什么读书前途的定论。父母的“家教”，朋友的影响，社会某种气氛的感染，老师的墨守成规，考试的心理威胁，学校的教育制度——这一切，对学生往往起决定性的作用（其作用比学生本身的往往不知大多少倍）。数之不尽的天才被抹杀了。求学要有所成——甚至有大成——是用不着什么天才的。智商高低与学问深浅的关系不大明显，而除了量度低能儿童外，智商本身不代表什么。

我少年时在香港及内地读书不成，但其他环境却打下了我后来求学的基础。家中兄弟姊妹众多，家里人没有时间管我，让我有很多独自思想的机会。抗战期间逃难，在广西一带虽然生活艰苦，但见到很多不同的事，培养了我的好奇、求知的兴趣。其后在香港的街头巷尾结交了不少奇人异士，有下象棋的，有踢足球的，有唱粤曲的，有打乒乓球的，有打功夫的，有写文章的，有吟诗作对的……这些“三山五岳”的朋友使我能在多方面发展，脑子变得灵活了。在佛山华英小学读书不成，但有一位吕老师；在湾仔书院不成，但有一位郭老师；在皇仁中学不成，但有一位黄老师——这些老师没有教我什么，但他们没有见我成绩不好而看低我。这使我对自己有了自信。

能独自思想，有好奇心，脑子灵活，有自信——就算不识字，其求学根基似乎比中学考第一的强得多了。我先到多伦多去补修一些大学预科，其实主要是学英文。语言不能速成，无话可说。一旦语言足可应付，整个中学的什么历史呀，地理呀，数学呀，一发劲，只不过是几个星期的功夫。

以上都是不太难办到的事。比较难的有两点。第一就是求学要有所成，跟做任何事一样，都要下一点决心。对读书毫无兴趣的，须有决心认真读它一两年，才知道自己有没有兴趣。我在多伦多时，某夜躺在床上想着什么，突然决定试一试：究竟真正地读书是怎样的一回事。跟着到了加大，读了两年后，产生兴趣，就不用管什么决心不决心了。在我来说，开始时所需的一点决心，可以招之即至，但有些人可能难以办到。所以我曾经说过，求学与不求学只不过是一念之间。

第二点——最后一点——是最难的了。求学要遇到明师。我屡遇明师，你说奇不奇？阿尔钦只不过是其中的一位罢了。

屡遇明师是我难得的际遇，而我感到骄傲的是，当我引用他们的思想，或推广发扬，或加上变化，或直指其误，他们都那样高兴，给我建议和鼓励。徒以师名，到头来，我的老师可能希望师以徒名了。

第三章：老师的启发——赫舒拉发

（发表于一九九〇年六月十五日
至一九九〇年七月六日）

上文谈到老师阿尔钦。这里转谈另一位老师赫舒拉发（Jack Hirshleifer）。赫氏也是我的老师，他教我的时间比阿尔钦还要多一点。我和赫氏的师生关系，虽然行内很多人知道，但不及我和阿尔钦的关系来得那样“众所周知”。这很可能是因为：赫氏的文章，通常都用上不少数学方程式，而我却少用。在文体上阿氏和我的远为相近。

师徒风格很不同

当我在西雅图华盛顿大学任教时，赫舒拉发到那里演说，有几位同事后来问我：“你是赫氏的入室弟子，但在数学的引用上怎会有那样大的差别呢？”是的，师徒之间的风格，通常都大有相同之处，但赫氏和我所用的“招数”却截然不同。很多人以为我是科斯（R. H. Coase）的学生。其实我从来没有上过科斯的课；在芝加哥大学时他和我算是同事。我的文体与科斯的相近，学术上的兴趣也相同，所以外间的人就以为有师生关系了。这个误会我从来不加以纠正，因为对我来说，这误会是把我抬举了。

有一次，一位经济学者朋友问施蒂格勒，数学的引用对经济学的重要性如何。施氏回答说：“这是个愚蠢的问题。近代经济学者中不用数学的只有三个——科斯、阿尔钦、张五常。”这是过于夸张的说法了。施氏本人懂得数学，但用得不多，而他的老师奈特（F. H. Knight），是完全不用数学的。阿尔钦也懂数学，但用得很少。我曾经懂得用的，但博士论文后越来越少用，早已忘记了。科斯从来不用——似乎不懂数学——但他既然深不可测，数学于他何足道哉？

赫舒拉发喜欢用数学。他认为数学可以使我们比较容易地知道什么答案才是对的。这个观点我不苟同。我认为方程式证明是对的，只是公式上的对，内容上却可能是错的。对的内容，被数学加以引证，相辅相成，是锦上添花，但内容的本质是否可取，却与数学无关。数学是没有内容的。另一方面，无论方程式如何工整，如何可观，内容还是要由作者加以补充，要经过逻辑的思维与推理。我又认为，任何以数学证明的理论，也可以不用数学而把它推断出来的。当然，思想推理有高手与低手之分。高手推理，层次井然，用不用数学没有关系。低手呢，推理时错的成分多于对的，以数学加以协助就大有用场了。

我与赫氏在数学上的观点不同，可不是说我对他的学问不衷心佩服。他是个大名家，是近二十多年来大行其道的金融投资学的开山鼻祖。但我认为，倘若他较少地重视数学，多点重视概念与内容的创新，他的成就会更上一层楼。他才智过人，学问大有成就，但熟悉他的人总觉得，他何止如此而已？

听课只为学想法

赫舒拉发确实是我的老师。虽然文体及分析的风格大不相同，事实上他对我的影响很大。跟阿尔钦一样，我没有选修过他的课，却旁听了他六个学期。跟阿师大异其趣的是：赫氏授课时，旁听生是大可发问或回应的。我在他课堂上的发问与回应比任何其他学生多出好几倍。不到一年之后，他的讲课差不多变为他和我两个人的对话。有时我稍为迟到，他就等我出现后才开始讲。这使很多同学羡慕，但因为我与赫氏的对话别开生面，过瘾刺激，同学们也就乐得做旁观者，共享上课之乐。

旁听了赫氏两年后，一天下午，在他的办公室里闲谈之际，他突然问道："你重复又重复地听我的课，难道我所知道的经济理论你还没有学完吗？"我回答说："你的经济理论我早已从你的著作中学会了；我听你的课可不是要学你的经济学，而是要学你的思考方法。"他点点头，显得很高兴。

是的，我的文体与赫氏的大为不同，而经济学上的观点也有大异之处，不过，我思考的方法，有很重要的一部分是从他那里学来的。赫氏在脑中怎样想，口中就怎样说；同时他又很高兴学生能跟着他的思路去想，提出问题，做出反应。从来不固执己见，客观地聆听他人的观点，如果觉得对方稍有新意，他就大加赞赏。这是大宗师的风范了。

他不仅博学多才，思想敏捷，而且对学生来说，更重要的是，他的思考方法容易学。

弗里德曼新书有错

我旁听赫舒拉发的课，始于一九六二年的秋天。那时我已取得硕士学位，也跟另外一位教授选修过高级价格理论了。价格理论是经济学的灵魂，有决定性的作用——单以这项理论在操纵上所达到的程度如何，就可以衡量懂不懂经济；所以凡有高人讲解价格理论，我必定不放过。我是慕名而旁听赫氏的。他当时以一篇关于利息与投资的文章崭露头角，而他别的文章我也耳熟能详。但在旁听他的课之前，赫氏并不认识我。

第一课，他跑进课室时，手里拿着弗里德曼刚出版的《价格理论》。那是一本由弗氏的讲义编写而成的书。前些日子，这讲义的另一个“版本”，是弗氏的学生以笔记的形式印出，在不合法的灰色市场上出售，我和其他一些同学已“偷偷”地读过好几遍。到了六二年夏天，这个有名的笔记讲义由弗里德曼亲自整理、修订，正式出版。秋季学期一开始，我们每个研究生都买了一本。因此，当赫舒拉发拿着弗氏的《价格理论》进来，准备替我们介绍该书时，只见每人手中已有一本，大家都笑起来了。

刚买来的书，大家都在翻阅，赫氏也好奇地在翻阅着，课堂上有十多分钟谁也不说话，只听见一阵阵翻书的声音。赫氏说话了："你们都知道弗里德曼发表过《马歇尔的需求曲线》，他这本新书的第二章是分析那曲线下的消费者盈余的，就让我们从那里开始吧。"我一看书上的有关图表，就忍不住冲口而出："但弗里德曼的分析是错了的！"我跟着指出书中在同一错误上的几个有关的地方，简略地一说，赫氏立刻同意，而在座有几位同学也明白。后来其中一位写信给弗里德曼，弗氏认错，在后来的版本中作了修改。

在这件小事上我们可以体会到三点。第一，美国研究院的学习气氛的确好。不仅老师与学生之间的沟通容易，就是大宗师与籍籍无名之辈也大可"点到即止"地过瘾一下。第二，学生指出老师或书本上的错处，老师不恼反喜，大加赞赏。赫舒拉发见我指出弗里德曼的错处，就问及我的名字——他在"选修"的学生名单内找不到，便再问清楚"张"字的英文写法，用笔记下来了。第三，同学中有高手，大快事也。我们互相尊重，互相批评，互相公开自己所知，从来不管谁对谁错，一心只为追求真理。

乐极忘形跌下来

在洛杉矶加大研究院求学那段日子，是我平生最快乐的了。可是，正当我乐极忘形的时候，却有一件很不愉快的事情发生，使我认为是奇耻大辱。按照那时加大经济系的规定，每个学生获硕士衔后，都要考一个口试，用以决定该学生应否继续攻读博士。这个口试很公式化，六七年来没有一个被考的人不及格。我读硕士时选修了八科，每科名列前茅，在积分上是一个纪录的拥有者，但这个微不足道的口试，我竟然不及格，也破了“纪录”，使举系哗然！

无巧不成书，该口试是在我旁听了赫氏三个星期之后举行，考官三个，而赫氏是主考者。他们一开始就提出高级理论上的问题，我对答如流。过了半小时，赫氏翻阅放在他面前的关于我的“档案”，说：“你成绩那么好，高级的理论，你显然是个专家，我们不用多花时间了，还是让我们转到一些初级的基本问题去吧。”他于是问：“众所周知，在市场竞争下，大家无利可图，但为什么还有那么多人竞争呢？”一时间我不知所措，拿不准问题的重心，每个答案都给考官手起刀落，于是越答越差，最后无以为对。结果是不及格。

该试不及格是不能攻读博士的。好不容易过了一夜，经济系的女秘书清早给我电话，说希望我补考该口试。但我知道那个试是没有补考这回事的，所以一口拒绝了。到了下午，校方的另一位教授找我谈话，说我的“不及格”其实是还没有“考清楚”，是作不得准的。我感到尴尬，不答应补考。跟着几位老师都劝我再考一次。

我后来决定补考，是因为几天后一位同学向我转告了一件事。是周末的晚上，经济系举行师生酒会，我由于心情不好而没有参加。一位同学的太太，在酒会上问赫舒拉发最好的学生是谁。赫氏的回应是：他从来没有见过那么多的好学生聚在一起，但其中一位中国学生还是显得突出。从上述的同学那里听到主考的、判我不及格的赫氏竟然那样说，我于是改变主意：要求校方给我两个月的时间作补考的准备。

在那两个月中我重温初级经济理论，日夕不断地对最基本的概念钻研。后来补考轻易地过关。更重要的是，从此之后作任何经济分析，我都是从最基本的角度入手，半点较为花巧或高深的理论也不用。

从高处跌下来的心情并不好过，但后学的人应该从我的经验中知道，跌倒后站起来时要顾及的，是基础上的问题。基础不稳而向上爬，是操之过急，危险之极也。我因为该口试不及格而因祸得福。不过令我引以为憾的是，据说因为我的缘故，该口试后来被取消了。

平起平坐的感受

一位博学多才的老师，思想快如闪电，但在教书时，自己知的就说知，不知就说不知，而他每说了一段话，就有意或无意地停下来，希望学生提出新的观点，也希望学生证明他是错了。当他认为学生所说的愚不可及，就忙顾左右而言他，听到较为可取的，就大加赞赏。这样的上课气氛，会使最愚蠢的学生变为天才。是的，在赫舒拉发的课堂上，我是个天才。

我在中、小学时考试成绩不好。虽然那时有

几位老师很看得起我，但成绩难以示人，心中不免戚戚然。进了大学，我的成绩很不错，但这只是读书考试的雕虫小技，自己究竟有什么本领可以在学术上谋生，不得而知也。我是在硕士之后才听赫氏之课的，不过我可以说，他是我第一个真正的启蒙老师。旁听了他不及一年，我就意识到，既然能跟他“平起平坐”，那么将来要做教授是没有问题的。天下间这样的老师到哪里去找？

一些例子可以说明这一点。赫氏对学生的发问，通常立刻回应：“这问题不重要”，或“这是个好问题。”过不了多久，任何同学提出一个问题时，我就预先知道赫氏会怎样回应。这是因为我意识到，凡是得到答案而没有新意的，或不可能有另一个答案的，赫氏都认为“问题不重要”。我后来被同学们认为是发问高手，因为我在几个星期内就学会了赫氏的法门。任何问题，我必先从多个不同的角度入手，直至自己能找出一个有新意的、可以有不同答案的角度才发问。

又例如赫氏本人提出的问题，不管他自己有没有答案，他总是把问题的重点所在，说得一清二楚。这样一来，学生就被他带着去想，再愚蠢的也总有些话可说。至于往往能够一答即中的学生呢，会知道自己是可造之才。有时赫氏会说：“我有一个问题，想了很久也没有答案，希望同学们能帮忙一下。”这样的不耻下问，我们做学生的怎敢轻视他而不全神贯注地聆听？

学会了客观衡量

在赫舒拉发的课堂上，我学会了怎样判断问题的重要，学会了怎样把问题的重点弄清楚，也学会了怎样从多方面“进攻”问题而获取答案。在他不断的鼓励下，这个学习过程进展得很快。起初他显然超我几级，但过了不久，自己就觉得可与他并驾齐驱，甚至大有抢先之概。我没有见过哪一位老师能像赫氏那样，被我间中“手起刀落”而仍表现得那样高兴的。他似乎对学生们说：我所知甚广，对任何经济学上的问题都有兴趣，但我知的不一定是对的，你们当中有本事的不妨教教我。

明师都一定有如下的特点：他们不坚持己见，从来不把自己的观点加上一分一毫的重量，对任何提议都一视同仁地做出反应、判断。阿尔钦如是，科斯如是，施蒂格勒如是，赫舒拉发也如是。但赫氏的过人之处，是对学生很有耐心，即使平庸之极的学生，若能提出稍有可取的观点，也就加以鼓励。他是行内的高手，令人尊敬，但在教书时他屈身下就，让学生们“骑”在他的背上。“俯首甘为孺子牛”，鲁迅说的，而赫舒拉发真的是做到了。

赫氏思考的方法还有一个特点，值得一提。那就是，他所做的任何分析，必定用上一些例子。如果在现实世界中找不到例子，他会虚构地创造一个。比如有一次，要解释生产量增加，每件产品的平均成本可能会上升，真实的例子不容易找，他就举出如下的别开生面的例子来：“假若一只草蜢跳一次的高度是两英尺，跳三次的高度加起来是六英尺了。但假若一只草蜢的身体加大三倍，跳一次的高度却不会有六英尺的。”在座的同学们都笑了起来。但大家因而知道，要解释产量增加而每件产品的平均成本上升，可真不容易。教科书上的成本曲线岂不是全都错了？

赫氏有微笑的习惯，即使不高兴时他脸上看来也有笑容。那时，在美国的报章上有一著名漫画连环图，主角常笑，故名为Smiling Jack。赫氏常笑，其名字为Jack。于是，同学们给赫氏起了一个外号：Smiling Jack。一提起他这个外号，同学们都在欣喜中表现着一种尊敬之意。我认为在大学念书时是平生最愉快的日子，不是没有原因的。

师生关系的传统

师以徒名，徒以师名——在国际学术上是很普遍的事。“那是谁的学生？”或“他的老师是谁？”类似的话是常常听到的。大宗师不一定能出高徒。经济学巨匠如凯恩斯（J. M. Keynes）、费雪（I. Fisher）等的门下，就没有出过一个在学术上大有成就的弟子，更不用说青出于蓝了。已故的哈里·约翰逊（H. Johnson）曾对我说，凯恩斯与费雪的思维超人几级，学生要跟也跟不上，因为老师高不可攀，弟子也就变得平平无奇了。

约翰逊的话有道理。不过，思想高不可攀之如弗里德曼，却桃李满门而出高徒，又怎样解释呢？弗氏的一位颇有成就的门生对我说：“弗里德曼不断地向我挑战，使我寝食不安地要胜他一次，久而久之，我学到不少学问！”这个解释也有道理。

在本世纪经济学界内，教出最多优秀学生的是奈特。他有四位学生获诺贝尔奖（弗里德曼、施蒂格勒、布坎南、萨缪尔森），很可能还有一两个会获得该奖的。奈特本人是如假包换的一代宗师。他自己不能获取诺贝尔奖（该奖在经济学成立颁发了七届他才逝世），被行内人认为是该奖的一个大污点。我有幸，在奈氏谢世前数年遇到他，跟他谈过两次话，其时他虽已八十多岁，但我还能从那些简短的谈话中，体会到为什么他的学生那样厉害。奈氏个性突出，有无与伦比的感染力。他文章湛深难明，而授课也不清楚。但他有创见，表达时有千钧之力。这样的老师是世外高人，余生也晚，不能拜他为师，实在可惜。

一个关于奈特的故事，对香港墨守成规的教育应该有针对性的讽刺。一个多年前曾跟随奈特读博士的学生，年纪大了后，有一天到芝加哥大学去接他的儿子回家。儿子刚刚考过奈特所出的博士试卷。为父的一看，试题像二十多年前他考博士的一样。正感诧异之际，年已老迈的奈特在走廊上迎面而来。他连忙问道："奈特教授呀，我儿子今天所考的博士试题，跟我二十多年前所考的相同，难道你的经济学没有进步吗？"奈特继续前行，喃喃自语道："试题是一样，但答案却不同！"明师之见，确是不凡。

大宗师不一定教得出有成就的学生，桃李满门的大宗师，当然也是有的。奇怪的是，有些近乎不见经传之辈，也可能教出高手。中谚云："冰生于水而寒于水，青出于蓝而胜于蓝。"科斯对他的老师——A. Plant——推崇备至，但我对Plant的著作却不敢恭维。科斯对我说，Plant使他知道自己什么也不懂，所以夜以继日不断地钻研学问，寻求答案。也有一些人——如阿尔钦——怎样说也不知是谁能教出像他那样天马行空的思想。阿氏说他的启蒙老师是A. Wallace。但Wallace是统计学高人，不懂经济学，那又从何说起呢？我拜读过Wallace的统计学讲义，绝不湛深，但奇妙之处是，他把统计学的基础解释得通透绝伦，使人觉得初学的基础就足以应付任何有关统计的难题了。阿尔钦像小孩子般的发问本领，显然是从Wallace那里学来的。

师以徒名，徒以师名，相得益彰，是我们从事学术的人引以为荣的传统。我自己教过几个算是很不错的学生，在学术上稍有成就，但不能说师以徒名。不得已而求其次，徒以师名，我倒可以这样说的。外人说我是阿尔钦的学生，是赫舒拉发的学生，使我感到很骄傲。也有人说我是科斯的学生（其实不是），我感到高兴。弗里德曼对人说我是他的学生（其实也不是），使我更感高兴了。事实上，我曾“偷听”弗里德曼的课（在芝加哥大学时我们是同事，同事听他的课不止我一人）；也曾屡与科斯研讨问题，谈到投机兴奋处，我有时对他衷心直说：“你这个观点我非‘借’用一下不可。”

学术的交流就是那样奇妙无穷。说是偷也好，是借也好，是影响也好，只要求知投入，存真诚之心，没有任何博学之士会“秘技”自珍而不肯倾囊相授的。学术的进步用不着青出于蓝，但却要千变万化，多彩多姿。屡遇明师是我难得的际遇，而我感到骄傲的是，当我引用他们的思想，或推广发扬，或加上变化，或直指其误，他们都那样高兴，给我建议和鼓励。徒以师名，到头来，我的老师可能希望师以徒名了。

他跟着走到黑板前，以数学逻辑证明他的观点。一大黑板写满了，抹后又继续写，如此抹抹写写好几次，他突然停下来，问：“你们明白了没有？”没有谁真的明白，所以没有谁回应，布鲁纳一声不响地离开了课室。同学们呆住了，知道他所说的是惊天伟论，脾气发得有理。

第四章：老师布鲁纳

（发表于一九九一年三月一日）

卡尔·布鲁纳（Karl Brunner）两年前去世了。去年初，阿尔钦邀请我到欧洲参加一个为纪念布鲁纳而举行的研讨会，我因为要准备诺贝尔研讨会的文章而推却了。这使我郁郁不乐久之。

一九六二年在洛杉矶加州大学的经济研究院，布鲁纳是我的老师。他当时对我不重视，不认为我是可造之才。他教的是宏观经济与货币理论，是我兴趣之外的科目。那时，布鲁纳算不上是大名家。这一点，同学们和我都觉得很奇怪，因为我们都认为他是绝顶高手。布鲁纳后来举世知名，是他离开加大之后的事。

我是一九六七年离开加大的。一九七三年，

我在西雅图的华盛顿大学，收到了布鲁纳的一封信。信上说，他知道我升级很快；读过我一些文章觉得果然了得，所以要写信来恭贺一番。这使我很感动。七〇年代的布鲁纳，在国际学术上如日中天，也是几个大国的政府所重视的智囊，竟然能抽空给他早年“何物小子”的学生，加以鼓励，实在不简单。

布鲁纳大约是一九六五年离开加大的。七十年代，他曾数次邀请我参加他办的研讨会，可惜都碍于工作不克参加。我再与他见面时，已是二十年后的一九八五年了。该年夏天，我到旧金山参加美国西岸经济学会的聚会，在那里的一个特别的讲座上，发表了我对中国经济改革的见解。听众济济一堂，我走到台上，向下一望，见到前排正中坐着的，是弗里德曼夫妇和布鲁纳夫妇。这使我呆了好一阵。

演讲后，这四位故交跟我握手言欢。布鲁纳夫人罗丝玛丽（Rosemary）兴高采烈，紧握着我的手，滔滔不绝地跟我述说二十多年前我在加大时的往事。她笑得很甜，很开心，但我却强笑着，泪水差点要流出来。

原来早一个晚上，我与布鲁纳的最佳拍档麦萨尔（A. Meltzer）共进晚餐时问起布鲁纳近况，他说："几天前罗丝玛丽知道自己得了不治之症，只有几个月寿命！"想不到，十多个小时后我所遇到的她，竟然那样欢容，好像自己什么忧虑的心事也没有似的。后来罗丝玛丽死了。我跟阿尔钦谈起此事，他说，因为要使布鲁纳开心，罗丝玛丽那时就变为一个伟大的演员。

一九八五年在旧金山所见到的布鲁纳，很苍老，行动不便。其实二十多年前，他的眼睛就大有问题。我们再见面时，他几乎完全看不见什么了。他站在我的面前，像对孩子那样的关心，微笑地以他脱不掉的德国口音说："好呀，史提芬，你现在是个经济学家了。""可以这样说吧，"我感到有点骄傲地说，"我脚踏实地下过二十多年的功夫。""真的二十多年吗？应该是吧。你那时替我拍的人像照片，我还好好地保存着呢。"

是那样可爱的一个人！但一九六二年，布鲁纳是同学们认为最严格、对学生最不客气的老师。世界上可能没有出现过一位比他更重视逻辑的经济学者。文章的每一个字，每一句，每一段，他都不放过。在研究院的"宏观经济"的高级课程上，他花了一个学期只教了 M. Bailey 那本名著中的十八页，证明几乎每一段都有错处。到最后所有未被吓退而还在课室留下来的几位同学，都可说得到一点“真传”。这些同学今天在美国都大有建树了。

我还记得有这样的一课。历久以来，书本上都说在均衡点上，投资量与储蓄量相等。布鲁纳问：“为什么这二者相等？”同学们接二连三地以书本上的答案说了出来。布鲁纳听了，脸色一沉，郑重地说：“你们不说话不是更好吗？”这一说，同学们知道书本上又“胡说”什么了。

课堂上一时间静得怕人。过了好一阵，布鲁纳说：“一些量是可以观察到的‘事实’，另一些量却是不可以观察到的‘概念’。前者，投资与储蓄永远相等，正如出售量与购买量永远相等一样；但后者只在均衡下相等，那是看不见的、概念上的相等，正如需求量与供应量的相等只是一个概念，不是事实——是见不到的。真实世界中没有经济学所说的‘均衡’那回事，因为‘均衡’只是一个概念。”

他跟着走到黑板前，以数学逻辑证明他的观点。一大黑板写满了，抹后又继续写，如此抹抹写写好几次，他突然停下来，问：“你们明白了没有？”没有谁真的明白，所以没有谁回应，布鲁纳一声不响地离开了课室。同学们呆住了，知道他所说的是惊天伟论，脾气发得有理。大家于是继续在课室内研讨刚才布鲁纳的分析，直到两个小时后自觉明白才离去。

是的，布鲁纳是我所知道的在分析、逻辑上最严谨的经济学者。作为他的学生，被他当众“羞辱”司空见惯，当时会有反感，或心有不甘。但过了一二十年还从事经济学的，就会觉得布鲁纳严谨的逻辑推理，在脑海中像铁铸的那样，驱之不去，忘之不了，也因而把自己所学得的知识视为真理，对浑水摸鱼的所谓“理论”一笑置之了。这是布鲁纳作为一个老师的伟大之处。

天大寒，路如铁。行不到数十步，弗老就问我作什么研究。我说正在修改自己的论文，是关于佃农理论的。他一连串地问了好些问题，在十多分钟内把我年多来想过的问题差不多全部提出来了。行雷闪电，如神似鬼，使我仿佛进入了另一个世界。可幸他提出的我全都想过，所以对答如流。

第五章：《佃农理论》的前因后果

英语原著再版的序言

（发表于二〇〇〇年四月十三日
至二〇〇〇年六月十五日）

《佃农理论》是我学生时的论文习作，大约一九六六年五月动工，一九六七年四月交卷。那时在加州长滩大学任教职，每星期要教十二课，又要在长滩艺术博物馆开什么个人摄影展览，所以真正下功夫的时间不到六个月。六六年的秋天，我有三个月听不知音，食不知味。

一九六七年九月到了芝加哥大学，见到那里的图书馆有很详尽的资料，就把论文加长了四分之一。芝加哥大学出版社把该书精装面市时，已是一九六九年了。

《佃农理论》这本书有两个特色。其一是历久犹新：出版后三十年，该书及书内的文章每年还被引用大约二十次；另一方面，好些学者朋友认为该书是今天大行其道的合约理论（Contract Theory）及代办理论（Agency Theory）的“始作俑者”。其二，作为一本“名著”，这本书的滞销可能破了世界纪录。

天下间怎会有这样可怜的事？一九六九年芝大出版社印制了一千本；世界各地的大学图书馆自动买了五百本；作者及其学生、朋友等买了大约三百本；二十五年后芝大出版社决定把版权交还给我时，竟然还有“货尾”二十多本送给我。可以这样说吧，真正在市场出售的，四分之一个世纪不到二百本！

今天朋友们要求重印，而北京的商务印书馆又花了三年时间搞中译本，我就闲笔回顾，好叫后学的知道《佃农理论》的一些往事。

寻寻觅觅的日子

一九五九年我进入洛杉矶加州大学，六一年学士，六二年硕士，六三年的春夏之交就考完了博士试。殊不知这势如破竹的进度，在博士试后却碰到铜墙铁壁：有整整三年的时间找不到自己满意的论文题材。

两年中我换了四个题材，到最后都放弃了。败走麦城，要不是因为理论上的困难解决不了（如风险的高低如何量度），就是资料不足（如林业的各种定价），或语言不通（如日本的明治维新），又或者是题材过于庞大（如香港的租务管制）。这些强攻不下的题材，当时使我气馁。于今回顾，这些失败对我后来的学术生涯大有好处。这不仅使我在四个题材上成为一个准专家，而更重要的是对搜集资料学满了功夫。

一九六五年八月，心灰意冷之余，我放弃学术，工余之暇拿着相机静坐在一个园林中搞摄影。六个月后卷土重来，在图书馆找到一些关于台湾农业的资料。那里一九四九年的土地改革，把地主与农民的分成，规定地主不能超过农产品的百分之三十七点五。令经济学者难以置信的，是在这政府硬性的约束下，农业产量急升。我当时怀疑那是台湾当局的数字游戏，要宣传一下国民党的优越性。但多方调查的结果，是产量上升的数字可信。政府管制，生产怎会上升的？

三个原则的理论

我想，要解释这个怪现象，第一步是要做出一个分成没有管制的租田理论，而分成租田就是佃农了。我没有参考有关的理论读物，只两天这理论就做了出来。我跟着把分成的百分比管制加上去，在理论逻辑上生产竟然上升。这结论不容易相信，但反复查核理论的每一步，找不到有任何错漏的地方。

当时在长滩大学共用同一办公室的是埃尔登·德沃夏克（Eldon Dvorak）。我请他坐下来，逐点逐步地向他解释我的理论结构。他听得很用心，提出不少问题，我都答得清楚。几个小时后，他突然说：你的理论会引起地震！

对我来说，该理论的“创立”顺理成章，没有什么新意。我只拿着三个基本原则去推理。第一，我是阿尔钦（A. A. Alchian, 1914–）的入室弟子，又熟读科斯（R. H. Coase, 1910–）的论著，当然明白产权对行为的重要性。土地是地主的私产，劳力是农民的私产，所以要从私产的局限入手。第二，佃农分成是一种合约，与任何合约一样，其中的条件是由双方议定的。第三，农民之间要竞争，地主之间也要竞争，所以佃农合约中的条件（这包括分成的百分比），是在私产与竞争这两种局限下决定的。我对这三个理论基础很执着，任何稍有分歧的推论都不考虑。所以在佃农制度下，农民与地主的投资，农户租用土地的大小与耕种劳力的多少，及地主与农民分成的百分比，皆是由上述的三个理论基础决定的。另一方面，这些被决定的项目，就是佃农合约的条件了。

有了如上的佃农理论，我很容易知道地主在土地上的分成收入，与固定租金、雇用农民、自耕自种等不同形式的收入大致相同。这是因为竞争的局限条件大致一样。

但既然资源的运用与收入的分配大致相同，为什么会有不同的合约安排呢？这是个浅而又不能不问的问题，后来触发了今天大行其道的合约经济研究。

佃农理论做得满意后，我就加入台湾土地改革的约束地主分成的百分比，只几分钟就把问题弄清楚了。因为这约束是在市场决定的地主分成之下，农民的收入会高于他们另谋高就的收入，所以在竞争下他们必须增加劳力，使地主在较低的分成率中因为生产增加而有点补偿。这样，农产量就上升了。

我反复思考，找不到错处，就写了十一页纸，题为《佃农理论——引证于台湾的土地改革》，寄到加大作为博士论文的建议。第一页预告了建议内的六个结论。

五个小时的争辩

一九六六年五月某日下午五时，加大为我的论文建议开研讨会，到会者大约四十人，其中十多位是教授。教授们没有在会前读过早已拿到的建议，因为他们一致认为第一页的六个结论全盘错了。

当我听到教授们说六点皆错，就想：错一两点有可能，但说六点皆错就显得他们不明白。在会的人开始争论，但我只注意赫舒拉发（J. Hirshleifer, 1925–）及阿尔钦。他俩是二十世纪的价格理论大师，不可能不明白我的理论。赫氏一言不发，想着些什么，时而摇头，时而点头。阿氏木无表情，拿着我的“建议”翻阅。

争论的诸君主要是为了一点后来我才知道是老生常谈的：地主若收农户固定租金，付租后的生产剩余全归农户所有；但佃农分成，农户的所有生产都要分可观的一部分给地主，其生产意图怎会不被削弱？所以佃农生产是比不上固定租金的。我说农户要竞争，说地主有选择权，他们听了等于没听，继续争吵下去。

两个小时后，第一个站在我那边的是 H. Somers，很有点强词夺理。他说："没有教过史提芬的不准发言。我教过他，知道他不可能错得那样容易。"赫舒拉发跟着说："不要管第一页的六个结论，我们要从第二页的分析开始。"

第二页解释的是第三页的一个古怪图表，天下间从来没有出现过，好像是一条面包给人一片片地切开来的。我解释说：假如一个地主拥有一块很大的农地，若以佃农方式将整块地租给一个一家四口的小农户，地主的分成率会很高，因为小农户以低分成率而得的收入，足以使他不另谋高就。地主于是把大地切开，租给两户佃农：他的分成率会下降，但总收入却会上升。

我跟着代表地主再切下去，加上第三户佃农，地主分成率再下降，而总收入再增加。我又再切，赫舒拉发大声问："你要将那块地分给无数的农户吗？"我答道："不是的。农户愈多，地主的分成率愈低。开始时地主分成率下降会有较高的总收入，但到了某一点之后再切下去，地主的总收入就会下降了。只有一个农户数字使地主得到最高的总收入，而若其他情况不变的话，只有一个分成的百分比是与竞争没有冲突的。”

会上一时鸦雀无声。过了良久，赫舒拉发说：“我明白，我同意，但我还有其他不明白的地方。”转到第四页，他们又吵起来了。晚上十时（研讨了五个小时），阿尔钦一看手表，站起来，走了。其他的人皆去，余下来的只有 E. Thompson。他是个奇才，会中反对得最激烈的是他。他继续和我争论，但我无心恋战，他说他的，我想我的。晚上十一时，我到加大邻近的一家餐室吃点东西，忍不住挂个电话到赫舒拉发家中，说我三年来认为可以交出去的论文大纲只有那十一页，但那么多人反对，感到很失望。他回应道：“其他的人怎样想我不知道，但我就没有见过自己的学生有这么精彩的论文。”

阿尔钦说可动笔

过了一夜，清早阿尔钦给我电话，说我的理论与传统的是两回事。他要把我那十一页建议在课堂上跟学生讨论，结果怎样再通知我。我当然高兴，而阿师当时的研究班学生大都是我的同学，不少是好事之徒。每过几天，就有同学给我电话，说没有谁找到有任何错处。

过了一个月，阿师给我电话，说我可以动笔了，准备要写两年。我问他一年够不够，他说不够。论文八个月后就写完，阿师说是奇迹。他可不知道，要不是我当时全职教书，又搞什么摄影展览，再快三个月应该没有问题。

理论这回事，要不是想不出来，就是灵机一触，三几天就可鸣金收兵。我当时的困难不是佃农理论的本身，而是要怎样去验证这理论。验证这回事，要快也快不来。要是理论的主要含义被事实推翻了，理论怎样精彩也无补于事。这是阿、赫二师当年对我的严格要求。

加加减减的办法

我当时收集了不少关于台湾农业的生产数据，很详尽的，要怎样处理，怎样来验证自己创立的佃农理论，是不容易的工程。那时电脑正开始兴盛，一般写论文的学者，把数据大量地打上当时所用的纸卡，一盒一盒的，然后由电脑统计分析后，选出自己认为可用的放进论文内。但这样做显然是自欺欺人，与科学扯不上关系，是令我鄙视的。

我当时想，自己为了好奇而在经济学的价格理论上下了数年苦功，心领神会，究竟所学有没有用场自己总要知道。我又想，经济是一门科学；科学不是求对，而是求不被推翻。自己的佃农理论在逻辑上找不到错处，那么依照科学的方法，验证时我得设法把理论推翻，若推翻不了，理论就算是有用场。

一九六六年六月，我集中于以台湾土地改革的农业资料来推翻自己的佃农理论。苦思两个星期，我写下可以推翻这理论的多个假说或含义。我想，这些含义那样清楚，用不着什么高级的统计了，而把数据谱入电脑，所需时间多于用人手加加减减，乘乘除除——这样算出来的推翻了理论就再找题材吧。

一九六六年的暑期，我和一位学生助手从早到晚加加减减、乘乘除除，用的是当时的机械计算机，震耳欲聋。数以千计的数字，算出来的会否推翻理论的多个含义，要两三个月后才知道。

当时长滩大学的同事德沃夏克知道我预先把多

个推断写了下来，包括在台湾土地改革的地主分成约束下，不同种类的农产品会怎样转变，不同土地的收成会怎样转变，不同县区又会怎样不同等等。他很替我担心，因为他知道我这个人在学术上很自信：对就对，错就错，懂说懂，不懂说不懂，从来不左闪右避的。

一九六六年十月初，所有数据的多个总结都算出来了，没有一项不是三个月前推断了的。成竹在胸，写论文是举手之劳。

阿师教我写英文

好些年后我才知道，凡是思维有了轮廓，资料实力充足而大可动笔之际，是我平生最快乐的时刻。这好比一个青年遇到一个自己喜欢而又愿意跟自己谈恋爱的女人，在要谈而还未谈之际也。但学术毕竟与女人不同：跟学术谈恋爱是苦恋。也是好些年后我才知道，以学术而言，明知是苦恋也要一而再、再而三地尝试的。

一九六六年十月我第一次尝试，事前可想不到，一旦正式下笔，思想的集中易发难收，昼夜不分，连自己要授课的时间也往往忘记了。当时在长滩共用同一办公室的德沃夏克明白发生着什么事，处处维护着我。后来（大约四个月后）我要在长滩艺术博物馆开摄影个展，他替我从校方取得五百元资助，而又因为不够钱，亲自替我造了数十个木镜框。

论文第一章的初稿是六六年十一月完成的，隔行打字四十多页，寄到加大的赫舒拉发及阿尔钦。过了一个星期找他们听意见。赫师一见我就赞个不休，把修改了少许的文稿交还给我。再去见阿师，他交还给我的文稿改得面目全非，用铅笔写得密密麻麻，没有一句完整无改的。我一看，差不多哭了出来。

不高兴地离开阿师，回到长滩家中，惘然若失，晚饭后坐在书桌前细读阿师在文稿上的修改与质疑，愈看愈心惊，愈看愈佩服，到全部消化了他的评语时，一看手表，已是过了一夜的上午十一时了。就这样，一夜之间我判若两人。

此前我曾经在英语行文上下过数年苦功，懂得舞文弄墨，但阿师的评语使我恍然而悟，知道舞文弄墨是大忌！模棱两可的字一概不能用，术语一定要有所解，思维要连贯，文字要简单，也要直写。后来论文交卷时的第一句——“这研究有两部分”——那种手起刀落、开门见山的文体，反映着阿师的教诲。希望后学的人知道，简单直写说易颇易，说难甚难，但用起来其妙无穷也。

文稿两发的经验

六六年十二月中旬写好了第一章的第二稿——是后来出书的第二章及第四章的一部分——自觉大有改进。（其实我每一稿都写五六次。）阿师读后只简单地说：“将来替你写推荐信时我会说你懂得写明朗的文章。”我高兴万分，因为出自阿师之口是很高的评价。他一向认为绝大部分的文章都不堪一读，而又屡次强调思想要清晰，不容许任何拖泥带水的表达。任何人都懂得说文章要清楚，但办得到的却不多见。我从阿师学到的，是先要思想清晰，然后简单直写。

我见当时的第一章有独立性，又得阿、赫二师认可，就迫不及待地寄到两个地方，希望发表。其一是高不可攀的芝加哥大学出版社，说明只是论文开头的一部分，其余的还未动笔。该出版社的经济学编辑很快就回信，说只要余下的有相近的水平，他们乐意立刻出版。只看一章，不用评审，而出版社又那样大有名望，这回应朋友们都说是奇哉怪也。

其二是寄到大名鼎鼎的《美国经济学报》（*American Economic Review*）。过了两个月，编辑的回信是评审员认为文章不错，但众所周知，佃农分成的百分比是由风俗、习惯决定的，所以我要修改，以风俗习惯定分成率为依归。我想，要是我那样改，整篇文章就废了。我又想，那样大名的学报，主编和评审员怎可以没有大学一年级的水平？那是我在学术生涯上唯一的文章不被立刻取录的经验，而又因为这经验，我后来对“名”学报与不知名学报一视同仁，漠不关心。可不是吗？一篇有分量的文章，写后埋在地下三尺，总会有人发掘出来。

杜大师拔刀相助

也是在六六年十二月，我在长滩奇怪地收到杜玛（E. Domar, 1914–1998）寄来的邀请卡，要我在新年除夕到他家里聚会。他是麻省理工学院的教授，在经济发展学说上很有名，当时他在洛杉矶加州大学邻近的兰克公司造访一年。杜玛的大名如雷贯耳，但他怎可以知道我这个人？依约赴会，见到的都是教授或兰克公司的人，学生只有我一个。独自在厅上一角喝酒，会到中途，听到杜玛大声说：“谁是史提芬，请站出来。”我回应后他带我到厨房去，说：“赫舒拉发把你论文的一章给了我，我读后认为你不属于长滩。要不要到麻省来碰碰运气？”

过了几天收到杜玛的信，说麻省理工没有空缺，但他已把我那一章寄给芝加哥大学的约翰逊（D. G. Johnson）；他又说芝大每年有一个博士后的奖金，是要到芝大一年的，促我申请。约翰逊是当代的农业经济大师，发表过另一套佃农理论。我在论文中毫不客气，说他的理论全盘错了，所以不便申请。

到了一九六七年三月，过了申请的限期，赫舒拉发给我电话，要我立刻申请。赫师的盛情难却，我就寄出一封简单的信。两天后收到芝大经济系主任哈伯格（Harberger）的电报，说我获该奖项，要我到芝大一年。不用付税，不用教书，没有任何职责，年薪八千当时极为可观（长滩“教餐死”的年薪，缴税后只得五千）。哈伯格可不知道，只要芝大肯收容，一文不予我也会去的。

后来G. Tolley告诉我，约翰逊看了我那一章之后，就不考虑其他的申请人，只等我的申请信。但在那一章，我对约翰逊的批评下笔甚重。胸襟如此，使我肃然起敬。三十三年过去了，这样的胸襟我怎样也学不到！

博士无前后之分

六十年代的博士后奖金与七十年代之后的很不一样。六十年代找工作易，找不用工作的奖金难。芝大的那项奖金，在我之前拿得的有阿罗（K. Arrow, 1921–）、蒙代尔（R. Mundell, 1932–）等人，是比较特别的了。问题是，我的论文当时只写了一小半，而该奖说明是“博士后”，怎么办？

我硬着头皮挂个电话到芝大给哈伯格，说论文离交卷之期尚远，可否改迟一年。他回应道：“芝大所有教职员都是先生或女士，从来没有谁管你什么名衔的。”既然“博士”无足轻重，我就没有理由延期。然而，论文没有完工总是不妥，于是立刻赶工，六个星期后就写好了。

这段“赶工”包括论文最困难而自己又认为是最满意的一部分——出书时的第八章。这章的内容是前文提及过的、六六年暑期我和一位助手从早到晚加加减减的收获，其中验证理论的含意我早就想清楚了的。搁置了近半年，其间天天想，动起笔来很痛快。

验证理论的困难

该验证的困难是这样的。在台湾土地改革下，地主的分成被规限为百分之三十七点五。依照我的佃农理论，佃农劳力的边际产量会下降，而土地的边际产量会上升。这样一来，佃农劳力的边际产值会低于自耕劳力的边际产值，而佃农土地的边际产值则会高于自耕土地的边际产值——这二者违反了边际产值相等的市场规律。问题是，边际产量只能在有控制的实验中出现，在真实世界是看不到的。我找到的所有数据，是土地的平均产量而不是边际产量。

困难的重点明显不过。我要以土地平均产量的转变来证实边际产量的转变，而又要把劳力与土地的边际产量分开。我手头上的详尽资料，是多种农作物的土地平均产量及其转变。要将这些看得到的平均转变来证实看不到的几种边际转变，是前人没有尝试过的。

这章写好后立刻寄给阿、赫二师，过几天就到加大去问意见。首先见赫师，他当然知道我的来意，说："不要问我，刚才阿尔钦到我这里来，把你验证的那一章捧到天上去。你去见他吧。"我兴高采烈地去找阿师，他竟然说："我怎知道你文内的数据资料不是你自己制造出来的？"

赶回长滩，过一天的清早又到加大找阿师，把搜获的资料原版给他看。他竟然又说："你怎知道这些资料不是台湾当局刻意制造出来的？"我逼着再与台湾的有关机构联络。

当我把细说收集资料的方法的台湾回信给阿师看时，他站起来，望出窗外，说："我们早知你是可造之才，所以要严格一点。现在你知道学术研究是怎样的一回事了。"

毫无疑问，验证理论的第八章最有分量。当我在一九六八年给哈里•约翰逊（H. Johnson, 1923–1977）看时，他读到开头说文内要以土地的平均产量转变来证实劳力与土地的边际产量转变，就下评语："这是不可能做到的。"但到章末，他再下评语："这章真伟大！"

然而，《佃农理论》发表历三十年，虽然被引用不下五百次，但除了朋友外，从来没有人提到那第八章。这可能因为一般的学者对验证的方法不感兴趣，也可能是因为他们对地方性的现象，如台湾或内地的农业，视若等闲，事不关己，己不劳心。当然，从科学研究的角度看，什么地区都同样重要。

统计学两得一失

还有一点值得一提。那时以统计学发展出来的数量经济学（econometrics）开始大行其道。我当时是门外汉，但有一位精于该道的同学（J. Pippenger）阅读了我那验证的一章后，说他有点怀疑统计学是否那样重要。后来在芝大哈里·约翰逊读该章后也是那样说。九年之后，我因为作石油研究而在数量分析与统计学那方面学到不少，或起码知道这些学问的大概。在这里不妨跟后学的人说说有关的问题。

统计学有两个重要的用途，但也有一个弱点。重要用途之一，是好些时肉眼不容易看到的数字上的规律或结论，统计学可以明确地表达出来。当然，有些人的肉眼很厉害：他人看不出的规律，这些人可以一目了然。对那些肉眼平平的人来说，统计学的用场就倍为重要了。

统计学的第二个重要用途，是这门学问可以把很复杂的规律有系统地处理。当然，在今天，数之不尽的统计低手，舞数弄计，但求表演技巧，把简单不过的验证搞得一塌糊涂的。

统计学的主要弱点，是陷阱太多，其结论不大可靠！事实上，一般而言，统计的技巧用得愈复杂、愈湛深，其可靠性就愈低。高手统计，永远是简单得出奇。

道理是颇为明显的。验证理论，统计学的方法有时可用有时不需要用，但一定要先想出可以推翻理论的含意，要想得很详尽。今天后起之秀的困难，是他们认为自己既然统计技巧超凡，就不用去想什么含意了。他们于是以电脑算出来的数字规律作结论。这是以事实解释事实——依照马歇尔（A. Marshall, 1842–1924）所说，是鲁莽而又无耻的。

理论的验证含意是要预先想出来的。有统计技巧的协助，锦上添花。

大乡里出城去也

我是一九六七年九月到芝加哥大学去的。当时芝大经济系实力之强，史无先例。（恐怕也是后无来者，因为当年的同事，先后有八个获诺贝尔奖！）从长滩到芝大去，我很有“大乡里出城”之感。

行前的整个暑期，我什么也不干，半页书也不翻。芝大只给我一年合约，我得好好地利用、学习。我因此多事休息，养精蓄锐。可不是吗？一个在茶寮学艺的人，被邀请到少林寺去深造，若与那里的伙头陀动起手来，怎么办？想不到，后来在芝大与那里的方丈大师多次较量，竟然可以打个平手。

我求学时的洛杉矶加大经济系，算是籍籍无名的了。但有两方面很特别。第一，依照赫舒拉发今天的回顾，他平生没有见过我在加大时那么多的好学生聚在一起。赫氏曾经在哈佛与芝大任教职，这评语应该有分量。因为有七八个同学都是上上之选，大家日夕研讨好几年，功力再差也不会差到哪里去。事实上，到了芝大跟那里的“明星”学生研讨时，我发觉他们在价格理论上的功力，不及加大的同学。

其二是在加大时有三位老师，在我离开加大之后好几年变得举世知名。阿尔钦是一个，赫舒拉发是一个，布鲁纳（K. Brunner, 1916–1988）也是一个。纯从经济学上最重要的价格理论那方面看，在二十世纪是不容易找到比阿、赫二人合并更好的教导的。

上述的三位老师当年虽然名气不大，但对芝大的高手来说，却是另一回事了。我到芝大后，他们知道我是阿、赫的入室弟子，就刮目相看。

“佃农”前辈的指导

在芝大我住在“国际宿舍”，很简陋，但既然晚睡早起，哪管住得怎样？安居后到芝大出版社找那里的经济学编辑，说论文已写好了。他很高兴，要立刻发表。我跟着去找 D. G. Johnson，那位曾经发表过佃农理论的前辈，问他应否让论文立刻出书，还是多花些时间修改。他说要细想一下才能给我回应。

过了一天，D. G. Johnson 找我，说：“我想过了。一般来说，写过了的题材，有像芝大出版社那样有地位的要发表，就应该发表而转到其他题材上去。但你的论文可能是经典之作。相信我吧，有这种机会的人不多，就是你自己也可能不会再有这机会。所以我认为你应该多花一年时间去改进才发表。”我答应了。

其实在芝大的第一年中，我没有把论文“改进”，而是加长了大约四分之一。芝大虽小，其图书的齐备是我平生仅见，应有尽有，而偶然找不到的书，他们总有办法在数天之内从其他图书馆借过来。有新的资料，补充论文就容易了。

从芝大的主体图书馆中我翻阅“旧案”，追查了经济学者二百年来在佃农理论那方面的思维。这工作构成了后来书中第三章有关经济思想史的大部分。

卜凯教授的资料

更重要的是芝大亚洲图书馆给我的启发。也许是时来运到，那里的中文书籍中有关中国农业的，很齐备，而其中是有一个故事的。

大约一九二五年，美国康奈尔（Cornell）大学的一位农业教授——卜凯（J. L. Buck）——带他的太太到中国去，在南京大学勾留了大约十年。

这期间他对中国农业的研究大有所成，用英语发表了几本经典之作，使康奈尔大学的农业经济系举世知名。（卜凯教授名气虽大，可及不上他那以写中国故事而拿得诺贝尔文学奖的太太——Pearl Buck，即赛珍珠。）

卜凯教授以英语发表的几本中国农业名著，在加大写论文时我当然熟读。然而，当年在南京大学，他是拿着美国资助的研究金而大搞一手的——差不多整个南京大学农业系的员工及学生都参与该项调查研究。可以这样说吧：以卜凯教授为首的农业调查，其包括之广，其探讨之深，史无前例。

到芝大之前我不知道的，是卜凯教授的多个手下研究员也写书，是用中文发表的。在芝大的亚洲图书馆内，这些论著我有机会拜读，获益良多。

拿着版本论选择

在加大的论文中，我探讨了为什么选用佃农合约这个问题。但在芝大的南京大学的陈旧中文档案中，竟然有各种不同的农地租用合约的版本！有几个月的晚上，在芝大的国际宿舍内，我对着这些合约发呆。后来把心一横，拿起笔，在纸上写下

《交易的费用，风险的避免，与合约的选择》（Transaction Costs, Risk Aversion, and the Choice of Contractual Arrangements）这个名目。这就是后来书中的第四章了。

这第四章是可以独立的。一九六八年秋天，我请女秘书把这章派给芝大的同事。两天后施蒂格勒（G. J. Stigler, 1911–1991）给我电话，要我到他那以"残忍"知名的工作室（workshop）去研讨我这关于合约选择的文章。

是在芝大的法律学院的课室"研讨"的，听众座位高升，讲者坐于最低位，我先到，一看场面，就不由得心寒起来。到场的名家甚众。我只说了几句开场白，施蒂格勒就大兴问罪之师。替我辩护的有阿尔钦（他当时造访芝大），有德姆塞茨（H. Demsetz），也有其他的。两个小时他们吵个不休。我除了开场几句什么也没有说。科斯坐在我的面前，只在微笑，以示嘉许。

今天好些人说我很有争议性，冤哉枉也。六六年的十一页论文建议，在加大到会者吵了五个小时；这次在芝大的施蒂格勒"工作室"，他们又吵了两个小时。我自己连话也没有机会说，"争议"怎会扯到我这边来？

过了一天的中午，在芝大的教职员餐厅内，戴维德（A. Director, 1902–）从远处慢慢走到我的面前，说："你昨天的文章是我几年来读到最重要的。"跟着转身而去。他可能不知道，我想"合约的选择"这问题，是因为做学生时听到他的关于连销（tie-in sales）的口述传统，心焉向往，得到启发。

不久前在哈佛谢世的 Z. Griliches 当时也在芝大，读了《合约的选择》一文，说："你这文章将来可能把经济学改变了些什么。"十多年前他来港一行，旧事重提，说："六八年我说你那关于合约选择的文章会改变些什么，说对了，因为今天的代办理论（Agency Theory）是从那里发展出来的。可惜大多数人不知道。"

"风险"有不良影响

看官，你们认为一个发表了一些有创意、经得起时间考验的文章的人，会觉得自己的影响是大还是小呢？自我为大是人之常情，所以你们会认为作者觉得自己有大影响。你们想错了。科斯与弗里德曼（M. Friedman, 1912–）屡次对我说他们的影响力甚小。理由简单不过：作者认为应该有大影响，所以影响再大也觉得是不够的。

抚心自问，我那《交易的费用、风险的规避，与合约的选择》一文，好的影响微不足道，但不良的影响却颇具威势，令我思之怆然。这些不良影响是有两方面的。

第一方面是“风险的避免”——佃农分成可分担风险。当年，我自己的直觉，是合约的选择完全是交易费用的问题，与风险无关。在六八年初的多个苦寒的晚上，我三次除掉“风险”，但也三次加回去！当时的困难，是知道地主若用固定租金合约，只要收到租金，而农户的轮植能把土地的质量保持，就安枕无忧了。佃农的分成合约呢？地主既要管轮植，又要防止分成时的欺骗，也要管农作者的勤奋，交易费用当然较大。既然交易费用较大，地主为什么还要选佃农合约呢？

要是今天重写该文，我可以心安理得地把风险除去。这是因为在七六至八二年间我作了多种石油工业的合约研究，成功地把风险的问题归纳在交易费用之内。可惜有关石油的文章，因为被资本家买断，不能发表。

以风险作为选择合约的一个因素，大为不善，因为在现实世界中，我们不能望出窗外，就知道世界的风险是增加还是减少了的。这样，以风险为基础，我们是不能引申出可以被事实推翻的含意的。这不是说有关风险的理论不能写出来（此中理论何其多也），也不是说风险理论没有含义，而是严格地说，这类含义不能被事实推翻，也即是说不能被验证了。

理论家可以天才绝顶，也可以把文章写得漂亮，很有艺术性的。但艺术与科学不同。科学是为解释世事而产生的。不能被验证，理论的解释力是零。

“卸责”影响也不良

第二方面的不良影响，是卸责（shirking）的问题。佃农分成，农户的生产的多少总要分可观的一部分给地主，所以农户的勤奋意图就减少了。地主于是要审查农户卸责的意向，因而增加了交易费用。但当年我想，要是地主雇用劳工，发薪酬，劳工的卸责意图更厉害：有薪酬，劳工的意图是完全不工作！地主收取固定租金吗？那么“卸责”就转到地主那方面去：农地要有什么维修保养，地主的意图是推到农户那边去。

无论什么合约，一订下来，卸责的意图就存在。不同的合约安排会有不同的卸责意图，而订约各方的卸责意图的比重，也会因为合约的形式不同而有所转变。要是交易费用是零（这包括监察履行合约的费用是零），卸责的行为不会发生。因此，卸责是在有交易费用的局限下，大家要争取个人最大利益的结果。卸责如是，欺骗如是，取巧、偷盗、恐吓等行为皆如是。

当年我想——而现在还是那样想——那所谓卸责及类同的行为，只不过是在局限下争取最大利益的结果。要解释行为，经济学者不能不调查局限的转变，这当然包括交易费用的转变了。如果我们知道真实世界的局限转变，就不用谈什么卸责了。不下功夫调查局限的转变，只谈卸责，那岂不是得个“讲”字？若一方面谈局限，另一方面谈卸责，岂不是讲了又讲？再者，局限的转变是可以观察到的事实，但卸责嘛，天晓得，就是法庭也判断不了。

博弈理论又重来

因为以上的原因，当年我就把卸责的问题写在

《合约的选择》的一个注脚内，认为只是一个概念，在验证理论或解释行为那方面是空中楼阁。想不到，这注脚竟然成为今天经济学行内大行其道的博弈理论（Game Theory）的导火线。

当年在芝大，有另一个卸责的问题我想了多晚也找不到答案——今天仍然是没有答案的。我想出如下的一个例子：两位仁兄要从山上把碎石搬到山下（是昔日香港西湾河山上石矿的例子了），每个人分开来搬，一次可搬五十磅，二人加起来是一百磅。若二人合作挑担碎石下山，一次可挑一百二十磅。然而，合作之下，甲方要将重量推到乙方（是卸责），而乙方也要把重量推到甲方（也是卸责），那么二人合作的一次重量，必定是少于一百二十磅。但不会低于一百磅，因为低于一百磅，他们分开来搬石的收入会增加。我问：假若二人合作，一次下山所搬的重量是一百一十磅，在有多人搬石的竞争下，这重量是从何而定的？

六八年的秋天，阿尔钦到芝大造访一年，在午餐上我向他提及我想不到答案的搬石问题。他和德姆塞茨正在想公司理论，对卸责问题也大有兴趣。后来他们发表的以卸责为基础的公司理论，是《美国经济学报》（*AER*）历来被引用次数最多的文章。

还有另一件有关的趣事，值得一提。在芝大时我遇到一位从多伦多大学到芝大造访几个月的学者J. McManus，成了好朋友。六九年我转到西雅图的华盛顿大学任职后，七〇年他到我家小住。我见他也在写公司理论，就向他提出如下的例子：抗战期间，我和母亲在广西逃难，坐船江上行，见到船是由岸上的多个劳工用绳拉着行的。每个拉船的人都意图卸责，大作用力之状，其实把船的重量推到他方去。因此，有一个拿着鞭子的人，判断谁有卸责之意，挥鞭而下。我说：这个挥鞭的人可能是由被鞭的劳工聘请的，究竟谁是雇主，谁是被雇？

后来McManus把这例子谱入他的文章，说是我的。跟着W. Meckling与M. Jensen再用这例子时，说是McManus的。十多年前，一位澳洲佬再用这例子，其文章题目却又用上我的名字。

归根究底，博弈理论今天大行其道，是得到昔日香港西湾河山上的搬石佬与广西的拉船佬的启发的。

博弈理论漠视了真实世界的交易费用的调查，

误入歧途，行不通也。

弗里德曼如神似鬼

一九六七年圣诞的前几天——到了芝大三个多月——蒙代尔的家有酒会之盛。在芝大除了埋头苦干，无所事事，酒会我差不多是逢请必到的。当晚会后弗里德曼夫妇与我步行回家。他们住的地方在我住的国际宿舍隔邻，从蒙家步行大约十五分钟。

天大寒，路如铁。行不到数十步，弗老就问我做什么研究。我说正在修改自己的论文，是关于佃农理论的。他一连串地问了好些问题，在十多分钟内把我年多来想过的问题差不多全部提出来了。行雷闪电，如神似鬼，使我仿佛进入了另一个世界。可幸他提出的我全都想过，所以对答如流。

那是我第一次与弗里德曼交手过招，没有败下阵来，很有点兴奋。回到国际宿舍，心想，弗里德曼真的名不虚传，但一个人怎可以想得那么快？就是天才绝顶也不可能快得那样厉害！当时弗氏如日方中，但我想，他必然有一套特别的思想法门，所以快得像神龙见首不见尾。

想了一夜，我意识到他的法门只有两招。其一是价格理论的重点，他简化后拿得很准。其二是有了理论为依归，他想时只向浅中求，用的全部是普通常识（common sense）。若干年后，跟弗老成为知交，觉得当年自己的推断没有错。

看人家弄魔术，觉得神乎其技，难以置信，但往往只是一些外人不知道的简单法门。当年我对价格理论重点的操纵，不让弗老，得到他“浅中求”的提点，自己也就变得有“行雷闪电”之能。弗老的伟大之处，是他的思想法门是自己发明的，而跟他研讨，其感染力排山倒海而来！认识这个人，不负此生。

“少林寺”给我续约

过了两天（一九六七的圣诞前夕），舒尔茨（T. W. Schultz, 1902–1998）找我，说芝大经济系决定给我三年合约，作为助理教授。他说通常是明年二三月才作此决定的，但因为听到有几家大学考虑聘请我，所以预先通知。我当然很高兴。他补充说：“是弗里德曼推荐的。听说两天前的晚上你与他谈经济。”

当年学术工作市道好，不愁没有大学招手。但能在“少林寺”多留一段日子，总有好处。我的困难是在香港出生，从小爱海。后来我只在芝加哥多留一年，就转到拥有世界上最优美的海的西雅图去。

知道可以留在芝大，学习的计划就改为较为长线的安排了。那时科斯和我很谈得来，既然时间有的是，我就去学他的思考方法。像赫舒拉发一样，科斯第一次见我就认为我是可以的。在我认识的经济学者中，科斯的思想与我最相近。他不用数学，不谈逻辑，任何问题都先用预感找答案，而更重要的是，我们大家都认为若要用理论解释世界，首先要知道世界是怎样的。

信奉这后者的经济学者甚少。问题是要知道真实的世界，学者要用上九牛二虎之力，所以发表文章不多。代价大，回报率也高：科斯和我的文章，没有一篇是空空如也的。走这路的人的不幸，是到退休之际世事知得最多，以致数之不尽的文章没有机会写出来。

我在《合约的选择》一文内，指出科斯在一九三七年发表的《公司的本质》(The Nature of the Firm),虽然没有提到合约,但内容也是合约的选择。只这一点,科斯认为我是他遇到的钟子期。也是这一点,科斯一九三七年的鸿文死而复生,变得在行内没有谁不知道。

合约结构的启发

除了合约的选择,佃农理论的研究还有两个特别的地方,促成了我后来发表的两篇比较重要的文章。其一是在佃农分成的合约内完全没有价格,有的是一个百分比。因此,佃农合约必须有其他条款,使合约成为有结构性的文件。但想深一层,所有租用或雇用合约都是结构性的,是否白纸黑字地写下来是另一回事,而又因为合约中若有价格的存在,经济学者就什么也不顾了——此乃大错。

当时,界外效益(externalities)是行内的一个大题目,可能是最热门的。我前思后想,认为界外效益的多种理论的产生,是因为好于该道的人忽略了合约是结构性的,而那所谓"界外",只不过是他们没有想到合约的结构可以包罗万有。我于是选公海渔业那个真实世界下笔,因为多种"界外效益”都以渔业为例。又因为海鱼是“公共”产，我就把“界外效益”带到非私产的理论上去。

一九六九年的春天，我还在芝大，写好了《合约的结构与非私产的理论》（The Structure of a Contract and the Theory of a Non-Exclusive Resource）。科斯读后很高兴，要立刻在他主编的《法律经济学报》发表。我坚持要修改一下，所以发表是一九七〇年了。

三十年前我说“界外效益”胡说八道，是谬论。三十年后，此谬论只死了八成。错得那样浅，但驱之历久还不尽去，成见为祸，何其深也。

私有产权的定义

佃农研究的第二个比较重要的题外话，是由台湾土地改革的地主分成被约束在百分之三十七点五而引起的。这项政府管制使佃农的土地增加生产，因为农户的收入高于另谋高就所得，所以在竞争下劳力会增加，直到农户收入等于劳力另谋高就的代价而止。按理直推下去，假若地主的分成百分比被约束为零，那么农户劳力增加的均衡点，会是农户的百分之一百分成的总收入，等于农户劳力的总代价。这样，土地的租值就全部消散了。

这是一项重要的发现，虽然在论文及书内我只以闲话方式处理。地主分成被约束为零，农户在竞争下使土地的租值变为零的效果，与一块非私产的“公共”土地的租值消散（dissipation of rent）完全一样。我对租值消散的理论传统知之甚详（它起自von Thunen，然后经过A. C. Pigou、F. H. Knight及H. S. Gordon等人的发展），用不着参考什么。

当时我想，地主的分成收入是零，其土地的使用效果与“公共财产”（common property）一样，不足为奇。我又想，若地主的分成收入不是零但近于零，那当然与公共财产没有多大分别了。如此类推，地主分成百分之三十七点五，低于自由市场的分成率，在某程度上土地的使用总有点“公共财产”的效果。

问题的所在很快就浮现了。土地是地主私有，但土地的收入权利却被压制。假若市场的地主分成应该是百分之六十，但被政府约束为百分之四十，那么那百分之二十的差距是谁的权利呢？说那是农户的，但农户可不是地主，也不是土地的持股人，地主有权取回土地，自作耕耘。这样，那百分之二十的收入权利就变得模糊不清。我于是想，要是政府把土地股份化，把三分之一的股权交给农户，那么农户就不会在竞争下增加劳力来生产了。农户的产品会是百分之四十归劳力，百分之二十是农户三分之一的股权应得的租金，而地主的百分之四十的分成，则是他的三分之二的股权所得。

由于如上的推论，我在一九六九年定下后来被行内接受了的私有产权的定义。那就是私产包括三种权利：使用权（或决定使用权）、自由转让权、不受干预的收入享受权。有了这三种权利，所有权（ownership right）是不需要的。后来到了八十年代，在中国经济改革的问题上，我极力赞成只要以上三权界定为私有，所有权保留为国有没有问题。这就是邓小平先生所说的“有中国特色的社会主义”，应该是他自己想出来的。可谓英雄所见略同矣。

香港的租务管制

一九六九年的暑期，在转到西雅图之前，我回港度假，顺便到工厂调查件工合约及到租务法庭与林志宽法官研讨香港的租务管制。这后者我曾经试作为博士论文题目，但因为过于庞大而放弃。然而，六九年的情况有点不同。西雅图华盛顿大学给我的合约是终生雇用的（tenure contract），所以在研究上我有条件赌大一点。

选择香港作为研究租管的实例的主要原因，是当时的战前建造楼宇的市值租金比管制下的租金高出八倍以上。香港战后人口暴升，但战前建造的住宅楼宇在六九年还是以战前的租值为准则而管制。这个大得惊人的市值与管制的差距，必定会使租管的效果来得甚为明显。人有失手，马有失蹄，微不足道的现象转变，吹毛求疵地以什么高深的统计学来算呀算的，不可取也。

因为在佃农理论的研究中，我意识到地主的收入若被政府压制，会导致某部分的收入没有清楚的权利界定，从而产生类似公共财产的租值消散的效果，所以在六九年再研究香港的租管时，我的矛头就直指业主被政府压制的那部分究竟是谁的权利。那是说，假若一层楼宇的租金市值是一千元，政府只准业主收一百，那九百元的差距究竟被界定为谁的呢？

香港当时的租管法例复杂无比，而又曾经修改过三十多次，所以这问题一言难尽。近于退休的林志宽法官对这些法例的来龙去脉知之甚详，对我又很有耐心。我天天问，他天天答，后来我索性请他到西雅图的家住一段日子。（好些年后，我有一篇关于香港租管的文章，被美国某法律学报选为法律文章的一年之冠，皆林法官之功也。）

经过好几个月的审查，我确定了市租与管租之间的大差距，没有清楚地界定为租客的私有权利。这大差距是无主孤魂，依照当时的“公共财产”理论，在竞争下是会消散的。

我当时的注意力，是集中在两项精彩之极的、与租值消散大有关联的香港租管现象。其一是分租：战前住宅楼宇在战后有大房东、二房东、三房东等等，以致一间大约五百平方英尺的单位，竟然平均有四点三伙住户（最高达数十伙）！第二个精彩现象，是在有租管的战前建造楼宇之顶上，竟然有天台木屋的僭建，成行成市，蔚为奇观！

骤眼看来，如上所说的两个怪现象，是租值消散的效果：好比公海捕鱼，因为鱼非私产而导致太多捕钓的人，又或像庇古与奈特谈及的公路例子，因为非私产，不用收费而引起交通挤塞。

然而，香港租管楼宇的分租与天台木屋的挤塞现象，使我越想越觉得有问题。两年多之后——一九七二年初——我恍然而悟，发觉传统的“公共财产”的租值消散理论，在基础上错了。

“租值消散”的困扰

旁观者清，当局者迷。一个显浅不过的问题，就是没有读过书的外人也可以理解，但行内的专家却可能认为深不可测。六十年代开始大行其道的科斯定律是这样的一个例子。这定律浅得连小孩子也能明白，但局内的专家因为被传统的观点左右，没有科斯提点就看不出来。

在香港租管下的分租与天台木屋的现象，理由简单不过。前者是因为市场租值急升，虽然有租管，但大房东、二房东等因为代价（市场租值）太高而住不起，所以要分租出去。当时香港最极端的例子，是一个床位分三更睡觉，租客每更不同。

天台木屋的僭建，理由也是简单之极。既有租管，业主的收入微不足道，当然一于少理。租客呢？天台的权利不是他们的，所以无权过问。朋友，你有没有看过当年的天台情况？好些比较大的天台，有街道，有士多，也有大牌档！

当时困扰着我的，可不是解释上述的两个现象，而是觉得这些现象的发生不是因为要消散租值而起的。正相反，这些现象的存在，使应该消散的“无主”租值消散得很少。这是理论上的一个大问题。

回到我举出过的数字例子吧。假如一个单位的市值租金是一千元，而租管只准业主收一百，其九百元的差距没有被界定为谁属，在竞争下应该会消散的。但因为有分租与天台木屋的发生，我翻来复去的估计，真的消散的租值不到三分之一。

试想，大房东、二房东等等，因为分租而有利可图，他们于是赚了租值。天台的“僭建”者也有利，赚了租值；收取天台僭建佣金及保护费的组织，又赚一手；天台之下的住客，因为供应天台水电而有油水可抽，皆租也。

价管理论跑出来

我是个不被成见约束的人，但应该消散的租值竟然大部分不消散，难倒了我。一九七二年的一个晚上，我把问题倒转来看，才知道传统的公共财产理论在基础上错了。传统的错，是用错了“每个人在局限下争取最大利益”的假设。没有界定权利的收入或“无主”的收入，传统之见是大家竞争去争取，其争取成本等于收入，以致“租值”烟消云散。这理念忽略的，是每个人争取最大利益的要点，是在局限下尽可能减低租值的消散。那是说，在竞争下消散了的租值，永远是每个有关的人依照局限的容许去减少其消散所剩下来的最低消散。

以香港的租管为例，分租与僭建的现象正好是减低租值消散的行为。同样，所有价格管制引起的行为，都是由于在局限下要减低租值消散而起，而这些行为的本身在某程度上导致租值消散。租务管制与价格管制大同小异，而做学生时第一次读到课本上的价格管制理论，我就认为胡说八道，毫无理论可言，因为我们根本不知道价格管制会肯定地引起哪种行为。得到香港租管的提点，一个新的价格管制理论明显地浮现出来：价管引起的行为是减低租值消散的行为，而有用的理论必然要从选择那减低租值消散的局限为出发点。

《价格管制理论》(A Theory of Price Control）写了一年，其间易稿十三次。虽然好些行内的朋友认为那是近代经济理论的一个里程碑，但自一九七四年发表后，二十多年石沉大海！听说前年有点火花，被引用五次。难道五十年后该文会变作大鱼一尾？

件工合约看公司

回头说，六九年暑期回港，除了调查租管，还有件工合约。选香港研究件工可不是因为那是我的故乡，而是香港的工会势力不大，工金自由。以美国为例，因为工会的压力，好些行业件工是不容许的。我要调查件工，是因为公司原理。

前文提及，在佃农理论中说到合约的选择，我认为科斯一九三七的《公司的本质》也是关于合约的选择的。既然“公司”是合约的问题，其研究就有了焦点。我当时肯定了件工合约是“公司原理”的重心所在，因为这种合约正好站在科斯所说的“公司”与“市场”之间。当时我想，要是科斯想到件工合约，他的论调当会不同。

当年，好些行内高人认为科斯的“公司”鸿文是套套逻辑，空空如也。我可不是那样看，因为科斯提出了一个极为重要的问题。他问：一个人可以依照市价的指引而生产，自己在市场出售，为什么这个人会跑到一家公司去做成员，被经理指挥工作，像奴隶那样的？他的答案，是市价往往因为交易费用过高而不能知道，所以公司就形成了。

一九六八年我问科斯：“假若苹果园的主人聘请养蜂者以蜂传播花粉，究竟是一家公司还是两家？”我见他答不出来，就知道公司的本质还没有完整的理解。

件工合约的特别之处，是件件有价。因为有价，科斯的“不知价”理念就不容易成立了。难道一家工厂不是公司？

我为科斯的荣休而写了《公司的合约本质》（The Contractual Nature of the Firm），一九八三年发表。该文以件工合约为出发点而提出了委托（proxy）价格的理念，其结论是公司究竟为何物，我们既不知道也不重要——重要的是公司的合约在本质上与市场的合约不同。

科斯读该文后，回信说那是他十多年来能学到一点东西的文章。他认为“委托价格”（例如以时间计薪酬，不是生产贡献之价而是把生产委托于时间之价）是重要的创新，但不同意“不知公司为何物”之说。这一点，我是坚持己见的。

《公司的合约本质》是我到港大任职后第一篇发表的文章，十多年来在国际上被转载了六七次，而被引用的次数与日俱增。

师傅女儿是同窗

北京的商务印书馆搞了三年翻译（难译，几次转换人手之故也），要出版《佃农理论》的中译本，邀请我写个新的序言，我是不能推却的。另一方面，英文原著要重印，也要写个新序。一石二鸟，我决定用中文下笔。我见香港的学子似乎不知道学术研究是怎样的一回事，也就一石三鸟，先在《壹周刊》发表。本来打算写一两期的，但思往事，一动笔就写了十期！

去年九月初在温哥华的一次聚会中，我遇到恩师阿尔钦和他的女儿。他女儿是我昔日在加大的同学，是好朋友，数十年不见，大家都老了，异地相逢，其喜悦之情书所难尽。她抢着说："爸爸告诉我这些年来你在学术上有建树。"我笑着问："他认为我是个天才吧？"这样问，以为她会答："当然啦！"殊不知她回应道："不是的。爸爸说你有持久拼搏之能，永远比其他学生多走一步。"不是天才，但肯拼搏，是“傻佬”的定义了。但我还是感到高兴的。

说句衷心话：凡是为学术而学术、为研究而研究的人，免不了有点傻，有点傻里傻气的。可不是吗？要是学术研究是为了“书中自有黄金屋”，有谁会因为要明白玉器市场而坐在广东道的地上卖玉？又有谁会因为明白了玉器市场，就欣然自得，懒得去写什么文章发表？

不写文章是高手

同样，关于香港的租管研究，在发表了《价格管制理论》之后，我被迫应酬再写了一篇关于租管与楼宇重建的问题的。但应该是最精彩的一篇，关于天台木屋的奇观，我已定下一个绝妙题目——The Squatters Above and The Tenants Below——在其他文章内作了预告，但到今天还没有动笔。一位经济学者朋友（G. Hilton），二十多年前屡次以美酒为诱，促我动笔。他说该文若不写下来，是经济学上的一个损失。但我为了要多知一点香港寮仔部管制僭建的运作，分身不下，就放弃了。

真羡慕戴维德。他只有一个什么学士，平生只写过几页纸的文章，但他不仅是芝大的大教授，而且是大名鼎鼎的芝加哥学派的一个代表人物，在学术上举足轻重。他的思想对我有很大的影响——不仅是我，说到纯经济学术的影响力，我这一辈子无出其右。我想，像戴维德那样的人，在香港的大学是不可能找到一份工作的。

记得一九七六年，我写了一篇很有争议性的关于座位票价的文章。内容说高等座位的票价偏低，是因为售票的老板要使高等座位先满，好叫买廉价位的人不会在开场后偷偷地转到高价的座位去。过了个多月，我收到一封信，封面没有寄信人的名字和地址。打开来一看，没有信，只有一张不及两平方英寸的、从某杂志剪下来的几句文字，内容说某君买了廉价票，偷偷地坐到贵价票那边去。

我定神一想，就知道是戴维德寄来的，因为只有他这个人会那样做。两年之后，我遇到他，说：“感谢你寄来的无名又无信的信。”他漠不关心地回应：“你那篇关于票价的文章，理论没有错，但我寄给你的推翻了该理论。”

学术要从浅处看

学术就是这样简单的一回事。我们为了要满足自己的好奇心，要对世事多知一点，也为了要明白而想解释一下。避免费时失事，我们要以一套系统从事。我们于是求学，学理论、学方法。我们要学得很通透，要将深的简化，然后把整套理论的重心拿得准，紧握不放。满师后就要下山，山下是真实的世界。我们要对世界知得很多，因为我们知道最蠢的学者，是试行解释没有发生过的事。

我说过好几次了。三十多年来，我用得着的经济理论只有简单的两招。其一是个人争取在局限下最大的利益，其二是需求曲线向右下垂。在这两招中，只有局限条件是真实世界的事，若子虚乌有地作出来，其命中率是近于零的。解释行为或世事的重点，是考查真实世界的局限条件，决定哪种有关，哪种无关，选出有关的要简化，要有系统地处理。稍为明白一点真实的局限，往往是三几年的工夫。代价虽大，但一旦弄清楚了，理论就差不多百发百中。

我们不容易明白为什么那么多的经济学者要替

政府作什么建议，要以自己所学的来作什么改进社会之举。他们不可能不知道自己微不足道。被政客利用是可能的，经济学者喜欢因此而把自己抬高了。数之不尽的人说，还健在的经济学者中，对世界影响最大的是弗里德曼。弗老却之不恭，但私下里说心中话，他知道他的所谓影响是大势所趋，时势造英雄。

我感到遗憾的，是今天经济学的发展，大都与真实世界脱了节。好些自以为与真实世界有关的，其实是一些数字游戏。这些我明白。民以食为天，各国政府大量资助学术，似模似样的学术文章，在什么知名学报上发表了几篇就可赢得一个铁饭碗。老实说，要是四十年前的经济学像今天的那样，我早已另谋高就。

说得太多了。好些朋友要我写一本关于自己的传记。但“自传”是伟人才有资格下笔，“傻佬”免问。然而，因为《佃农理论》的回顾，我无意识地写了“自传”的一个片段，大约是可“传”的十分之一吧。这片段是我平生最愉快的时刻，动起笔来如长江大河，滔滔不绝。

街头巷尾数十年，有趣而又奇异的例子实在多。多年以来，我通常有十个八个这样的实例在脑中转，一时想想这个，一时想想那个。年轻时，想通了一个，清楚了，可以一般化，认为有重量，就动笔为文。到了中年，解通了的实例愈来愈多，写之不尽，于是英文按笔不动，等到六十五岁，以中文写三卷本的《经济解释》，选较为重要的一口气地写了出来。医疗的发达，使我当年推断自己六十五岁还健在，果然还健在。

第六章：
七十自述：我是怎样研究经济的？

（发表于二〇〇五年十二月一日
至二〇〇五年十二月十五日）

不是天才有本领

天才的定义，是先知先觉。定义说，我不是天才！我的经济思想永远起于外人的感染或提点。后知后觉，本领是“觉”得快，一位高人还没有说完我就想象到没有人到过的地方。老师说不容易教，但喜欢教，朋友则认为是脱缰之马，无可救药，但欣赏我天马行空。

还有两项本领。其一是学得快。两年的微积分课程我曾经在一个星期内自修找到要用的，但用后一个星期就忘记了。学得快，暂时用不着的通常不管，临急抱佛脚，知道可以这样过关，求学时只集中于自己有兴趣的。

其二是年轻时，记忆力奇怪地可以收发自如——要记久可久，记暂可暂。调查研究记文件，知道只要记几个月，可以记数以百计的，研究做好后几天就忘记了。写论文从来不先作密密麻麻的笔记：脑子仿佛录音带，要记得就录下来，要忘记就洗掉。是说年轻时，五十岁后渐渐退化，今天荡然无存了。

让五年却修历史

一九五九年，还有两个多月二十四岁，进入了洛杉矶加大做本科生，先读商，一个学期后转经济。年岁让同学五年可不是真的让：曾经逃过难，捱饥抵饿，也做过生意，对世界的认识比同学高很多。这根底影响了后来选走实证研究的路。不久前科斯对他的助手说，经济的实证研究没有谁超越张五常。

两年本科读得杂。经济为主，校方规定起码要选四科副修。在历史与数学之间选了历史。老师 W. R. Allen 说，一个经济学者不知历史是天下奇闻。连经济史、思想史与艺术史，一共修了十科，比正规的本科经济还要多。有兴趣，过目不忘，历史读得比经济还要好，而在图书馆内喜欢选历史书籍解闷，加起来是半个史学家。

研究院开始质疑

一九六一进入了研究院，认真学经济。两项发展对我后来的研究思维有大影响。其一是高级的理论课程愈读愈糊涂：老是不明白为什么会有产品市场与生产要素市场之分。老师说来说去听不懂。这使我意识到马歇尔的新古典理论架构，伟大中有大不足。后来一九八三年发表《公司的合约本质》，推翻了该架构，再后来进入了新纪元，以三卷本的《经济解释》提供新架构，前后一贯，没有半点勉强接驳的痕迹。

第二项发展可能更重要。这是科学方法论引起的验证问题。曾经吵了十多年的经济科学方法大辩论是老师阿尔钦一九五〇年的一篇文章搞起来的。更重要是二十世纪的逻辑学大师卡尔纳普（R. Carnap）当年在洛杉矶加大任教，做本科生时修过他的课。经济系的布鲁纳（K. Brunner）教授也在旁听。可以说，当年在该校的经济研究院，我和几位同学对科学验证的方法知得广泛而深入。

布鲁纳是了不起的经济学者，是二十世纪货币理论的顶级人物。他处理学问的严谨，对逻辑的要求，是我平生仅见。一九六三的春季他教宏观经济，我在座，学期中途，投资与储蓄相等这个均衡老话题吵了起来。书本的解释，用上 ex-ante、ex-post 等字眼，无理说不清，同学们给布鲁纳骂了整个小时。最后教授澄清，看得到的投资与储蓄永远相等，因为是同一回事，但看不到的“意图”投资或储蓄，只在均衡点上相等。我立刻想到“微观”经济的需求与供应那方面去：购买量与销售量看得到，永远相等，因为是同一回事，但需求量与供应量是意图之物，看不见，真实世界不存在，说在均衡点上相等只是逻辑上的概念。

均衡只是一个概念，看不见，真实世界不存在，想到这一点，对自己有很大的冲击。到图书馆考查，知道均衡（equilibrium）是从物理学搬过来的术语。物理的均衡是看得到的，是真现象，但经济学的均衡是空中楼阁，是概念，真实世界不存在。肯定了这一点，我发觉数之不尽的经济文章得个“讲”字，半点解释力也没有。

怎会有那么多人发神经呢？找老师阿尔钦诉苦，原来他对经济学的“均衡”在真实世界不存在早就想过，大家研讨后，同意所谓“均衡”者，是指有可以被事实推翻的验证含意，而“不均衡”则是说理论无从验证，没有解释力。后来自己再想几年，得到的结论，是不均衡起于局限条件指定得不够，要达到理论的均衡点，我们要把有关的局限条件加上去，直至可以推出被事实验证的含意——那就是理论逻辑所说的均衡了。

一九六九年的春天，驾车带科斯从温哥华去西雅图，途中他说经济学的“均衡”没有用途，应该取缔。我对他解释了不均衡是指没有可以验证的含意，而均衡是说指定的局限条件足够，推得出可以验证的假说。大家于是同意，只有在这样的理解下，经济学的均衡概念可以保留。

找到自己的天地

经济科学的进展令人失望。四十年过去了，今天的学子甚至专家有多少个知道经济的均衡只是概念而非事实呢？前些时写了两篇文章批评博弈理论，其中提到需求量只是概念，看不见，不是真有其物，据说传到北大的网站，同学们把我骂个半死。难道北大的同学戴上新发明的数码眼镜，可以看到鬼魂乎？他们的老师究竟是教什么的？

后知后觉，当年得到老师布鲁纳的提点，知道重要，做梦也想着什么看得见什么非事实，然后推到很远很远。理论往往从抽象起笔，但验证却要用可以观察的变数，于是，抽象与验证的转接要靠局限条件的引进，是要可以观察到的局限，其转变要可以量度，一般需要简化，至于怎样选择局限条件，怎样算是有关，怎样算是无关，怎样简化，皆要以理论的约束为依归。

我在何谓“量度”这个话题下过大工夫，对边际变动的处理有广泛的理解，比靠数学的边际分析高出太多了。到后来，怎样推出可以被事实验证的假说我想得快，局限条件的加加减减熟如流水行云。

一九六九年，在研究公海渔业的租值消散这话题上，执到宝，知道这消散可以通过多种竞争准则，知道只有市价这准则没有租值消散，知道有应该消散而不消散的租值存在，理论不可能对，再过两年知道消散的租值一定是在局限下最低的。这些加起来帮一个大忙，很大的。从解释现象的角度来衡量理论或假说，通不过上述的租值消散的逻辑，一定错。要知道理论可否解释世事还要加工，但要知道理论的经济内容是否错则易如反掌。惹来非议，因为听人家的理论或假说，往往只听几句就知道是错，忙顾左右而言他。

不用数学可推理

我是洛杉矶加州大学最后一个不用选修微积分而拿得经济学博士的人。今天数学用于经济大行其道，但此行也，历史不是那么久。我做研究生的六十年代初期，代数不成而还读出成绩的，几何一定好得出奇。想当年，几何曲线我可以多条用得到处飞。

然而，写博士论文《佃农理论》，整个结构与答案我先用脑子想出来，以几何证之只用了一个晚上。后来赫舒拉发说我的理论应该可用微积分证出，找数学书翻阅，再证出来。后来又用另一套几何曲线再证。心底里有点不服气，既然脑子可以想出来，何必用数学证来证去，多此一举？跟着一九六九写成今天还受到重视的《合约的结构与非私产理论》，想得通透，整篇写好了初稿，手痒起来，要学人家加些方程式进去，于是自己发明。华大同事 E. Silberberg 见到，说："这样难看的方程式，你从哪里找来的？"我问："数学对吗？"他答："对是对，但那么难看，见不得人。"我说："是我自己发明的，你不妨替我改进。"他改了，美观得多，但细想后我还是用自己难看的，因为要保存自己的发明。一九七二写好了《蜜蜂的神话》，为了解释方便用了一幅几何图表。科斯说："这样漂亮的文章，为什么你要用几何污染它？"一九八三年发表《公司的合约本质》，为科斯的荣休而作，半个符号也不敢用。后来杨小凯把该文翻成数学发表，竟然批评我不懂得用数。思想是我的，半点也没有想错，小凯的数学证来证去只证明我对，就想不出理由自己要用数学了！

有些人——百年一见——像阿罗，数学经济神乎其技，在我面前表演过，天才无疑问。我认为阿罗值得拿第二个诺贝尔奖。但如果把一个经济难题放在面前，想斗想，他不一定想得比我快，或比我深入。有些人，像 V. Smith，曾经对我说没有方程式不能想，拿得诺奖是他的本领，替他高兴，但我自己推理时是不用方程式的。

毫无疑问，思想的方法因人而别，达者为师，很难说哪种方法比较优胜。七十年代中期我写过一篇关于座位票价的文章，供应需求变化复杂，弹性系数记不起多少个，很适宜用方程式处理。但我就是不用，单凭文字思想一个周末完稿。后来一位同事用数学证来证去，找不出错处。

理论天才放弃了

一九六八年，在芝大，哈里·约翰逊说我是发展经济理论的希望，但要多学数。一位数学教授跟着自荐，要教我数，细想后没有学。当时决定了走实证研究的路，理论愈简单愈好，用不着数。后来我把用得着的经济理论简化为一条向右下倾斜的需求曲线，把所有局限作为价格处理，变化万千，困难是局限变化的考查。到了西雅图华大，同事巴泽尔更不鼓励我学数。他认为要用数我可以发明，而以方程式思考不可能想得像我那样生动过瘾，变化自如。

经济研究，思考方法不同要用不同的工具，而研究目的有别，理论的掌握有不同的重点。有时同一问题，从不同的角度入手，或用上不同的工具，分析会不同，但大家处理得对，结论应该一样。科学逻辑使然也。科斯喜欢从成本入手，我永远是需求定律，结论若有分歧，一般是因为大家的假设不同。

搞理论经济是怎样入手的？我不是专家，你要去问阿罗，或问萨缪尔森。福利经济呢？我劝你不要搞。不可能有客观结论的经济分析，无聊玩意而已。搞实证经济——经济解释——回报率最高，也用不着天才，但要在真实世界到处跑。实证经济我是专家，告诉你怎样入手，怎样发展下去吧。

实证经济是老手

搞实证经济的第一步，是要找到一个需要解释的现象或例子。一定要是实例，虽然在推理时想象的例子可以用。这入手的实例要有趣味，要奇异，要没有人成功地解释过。实例是否重要不要管，因为开头看似不重要的，最后推出的理论假说可能有重要的一般含意。

奇异与有趣重要，因为推出新意比较容易，而完工后的文章有吸引力。困难是研究的人对选出来的实例要知得很多，有关的其他行为或现象也要跟进。对实例一知半解，容易误导，解释的假说跟着错。昔日 M. Burnstein 解释全线逼销，G. J. Stigler 解释电影套售，L. Telser 解释零售限价，皆有趣而又奇异的上佳实例，可惜这些大师调查得不够详尽，忽略了实例的一些重要细节，分析于是出错。然而，错归错，他们的思维对我有启发，我是感激的。这样看吧，搞纯理论，弄错了拿零分，见笑天下，但搞验证或解释，大错特错也有机会获五十分。

曾经说过，最愚蠢的学者，是那些试图解释从来没有发生过的事。如此类推，发生过的事我们不容易看得准，看错了重要的细节，受到误导，推理出错，与解释从来没有发生过的只是远近之分。这解释了为什么我那样执着，坚持对世事的调查要彻底，亲自跑到街头卖桔、卖玉。可以说，凡是动笔分析的现象，我的所知一定达到专家水平，往往比行内的人知得还要多。

是非常头痛的学问。现象或行为的重要细节稍有差池，为之解释而推出来的理论假说可以因为一小点误导而铸成大错。这解释了为什么我从来不用访问或民意调查那类资料，而当我深入调查某行业时，口述提供的资料我要再三地从其他渠道审核才相信。七十年代后期研究石油工业，获得的关于石油的质量与价格的资料绝对是顶级、可靠，但以这些作统计的回归分析，我对这技巧抱怀疑，要从其他角度再考证。政府或机构提供的数据，是怎样搜集而获得的，我必定查根问底，他们不从实解释我会把数据丢进废纸箱。人的生命短暂，中计几次就日暮黄昏。

曾经提及，一九六九年从芝加哥转到西雅图任职，之间的暑期空出两个月回港度假，看看母亲。当时已经发表了今天被誉为是应用价格理论的经典之作的《佃农理论》，又在芝大的经济研究院教过理论，怎样打折扣也算是个经济学专家，应该有本领解释一般的市场现象。然而，当时在香港观察到的，十之八九我不能解释。我想：物理学家不会这样尴尬吧。结论只有两个。其一是经济理论根本不管用，若如是，我要另谋高就了。其二是经济理论其实可作解释，只是经济学者对世事知得不多，理论太复杂，是以为难。若如是，我要多到街头巷尾跑，不断地把理论简化。

后来在街头巷尾的真实世界跑了三十多年，把经济理论简化得只剩需求定律与局限变化，解释现象得心应手，引以为傲。这发展过程不幸地惹来非议。不少人说我放弃了学术，到处跑街赚钱，或说我的数学不成，没有学报发表我的文章。皆胡说八道。

街头巷尾好去处

说喜欢在街头巷尾跑，找资料，求灵感，试验证，是说喜欢在日常生活的场地观察，好奇地看世界。一门实证科学（empirical science）不能没有实验室。经济学的实验室不是什么政府统计部门，也不是校园里的办公室，而是大家日常生活的场地。到处跑的治学态度会使不知就里的误解，但有三个明显的好处。

其一，现场考查，细节可以信手拈来，辅以不耻下问，现象的可靠性格外高。好比六九与七五年在香港跑工厂，调查件工合约，得到启发，八二年写成今天受到重视的《公司的合约本质》。朋友告诉我其他学者对件工的分析，老实说，我认为他们不清楚件工是怎样的一回事。

其二，考查街头巷尾的现象成本低，变化多，种类不同，细心观察不难发觉有趣的现象琳琅满目。有时不劳而获。好比七五年在香港，我无端端地察觉到较佳的座位票价偏低，只几分钟想出答案。跑了几晚电影院作验证，回美后一个周末完稿。这篇有趣文章七七年发表，今天行内朋友认为是珍品，一些说是后来有人获诺贝尔奖的效率工资理论的前身。

其三，街头巷尾的现象一般是小现象，但麻雀虽小，五脏俱全，解释了小现象可以用同一解释推到大现象去。很多很多的小现象，加起来是一个小世界，放而大之，就成为自己的宏观经济学，与学院教的是两回事。比方说，九六年末我说香港会有多年的经济不景，九七年说香港的失业率会从百分之二升到百分之八以上，此外对中国内地的经济发展推测过无数次，很少错，而这些是用上自己从小世界推出来的大宏观。

传统理论觅意新

一九六八年决定不走纯理论的路，因为觉得不容易有大作为。早一年，写好了论文《佃农理论》，知者哗然，使我以为是创立了一个新理论。

但老师阿尔钦说，是传统的，结论与前人不同，因为前人把传统的用得不对。没有错，我的佃农理论来来去去只用一条众所周知的向右下倾斜的边际产出曲线，可以看为是向右下倾斜的需求曲线，其他加进去的全部是传统的局限，我只把这些配合得精确，新的理论验证含意就跑出来了。后来几次认为自己是踩中了新理论——例如公海捕鱼的租值消散——但细看不是，自己的贡献只是把传统的旧物搞出新变化，前人没有那样想过，算是创新，但新理论却谈不上。

说过了，比起物理学，经济学的理论浅得很。经济学的困难是实验室只有真实的世界，不容易控制变数，调查不易，而局限条件的考查与处理相当头痛。然而，考查现象与鉴定局限的困难正是经济研究的趣味所在。我不傻，不会毫无兴趣地在街头巷尾跑了数十年的。

回头说自己作实证研究的起点，永远是一个有趣而奇异的实例，以解释这实例或现象入手。这解释有时来得容易，有时难于登天。为恐费时失事，我们当然要估计解释某现象的困难程度，局限考查的时间要多少，想一下找到了答案其贡献价值为何。说实话，这些估计不容易准确，往往令自己失望。然而，与行内的朋友相比，从命中率看，我又觉得自己可能一马当先。后来想通了，一个经济学者穷毕生之力，可以解释清楚一个有趣而奇异的现象，于愿已足。这样看，我是个非常幸运的人。

为一个奇异的现象找到了解释，其理论假说多多少少有点新意。作验证，找不到反证的实例，就达到重要的派彩关头了。自己的思想有多少重量要到这一点才可以衡量。是的，有了足以解释一个现象的假说，我们要把这假说一般化，推到其他有关的现象去。要讲彩数，也要讲推理一般化的真功夫。

品味碰彩皆重要

很多时候是失望的。假说验证过了关，一般化地推下去，可能被其他实例否决。遇到这样的不幸，要客观地考虑，看看自己提出的某方面过关某方面过不了的假说应否保留，或在哪方面可以修改然后再推下去。有时假说容易一般化，找不到反证的实例，但假说的本身不够新奇，或浅得老土，或他人早就说过了，会有空走一趟的感受，不好过。

成败得失，思想之外要讲自己的品味。选择需要解释的例子讲品味；有了解释的假说，一般化向哪方面推也要讲品味；要修改假说使之一般化，哪方面要保留，哪方面要放弃，推理本领之外品味也重要。品味这回事，不容易明白，我自己的处理是凭直觉走，那就是自己认为是过瘾的方向了。

成功地一般化的思想是否重要，能否传世，往往要很久之后才知道的。经得起时日蹂躏的思想来得不易。一些思想或假说红极一时，但过了十年八载不知所终。另一些初看平平无奇，但过了一些时日，注意的人愈来愈多。这方面我也幸运，到今天还没有一篇认真动笔的英语文章惨遭淘汰，只可惜行内的众君子不早一点拍掌。

在我这辈子的学术生涯中，碰出大彩的实例，莫如科斯一九五九年考查的音波频率，一年后他大补一手，写出后来被称为科斯定律的大文。虽然今天科斯还在投诉其影响力不够，我认为他是过于苛求了。想当年，他的大文一出，其重要性我立刻知道，花了三年时间研读，行内不少朋友也同样重视。受过批评，遭到漠视，而我自己也曾指出其逻辑有错，但不管怎样说，科斯定律会被将来的经济思想史誉为二十世纪最重要的思维。这里要说的，是这思维起于一个小而奇异的音波频率在空中互相干扰的实例。

我自己因为台湾的土地改革，政府管制农业产出不跌反升，想出了佃农理论；因为母亲没有见过父亲而嫁给他，使我从交易费用的角度解释了中国的传统盲婚合约；因为香港战后的天台木屋怪现象，创立了价格管制理论；因为花中的糖浆可以成交，发表了《蜜蜂的神话》；因为中国内地不让恐龙蛋出口，推出了贪污的一般理论；因为公海捕鱼的租值没有全部消散，提出了合约结构的理念……如此种种，以英文动笔的有十多篇，一半以上有机会传世。

街头巷尾数十年，有趣而又奇异的例子实在多。多年以来，我通常有十个八个这样的实例在脑中转，一时想想这个，一时想想那个。年轻时，想通了一个，清楚了，可以一般化，认为有重量，就动笔为文。到了中年，解通了的实例愈来愈多，写之不尽，于是英文按笔不动，等到六十五岁，以中文写三卷本的《经济解释》，选较为重要的一口气地写了出来。医疗的发达，使我当年推断自己六十五岁还健在，果然还健在。

有些朋友说我在六七十年代做出过重要的经济贡献，之后不再。这观点是不对的。六七十年代的作品近于学生习作，可观，但不够大气，没有洋洋大观的经济范式。六十七岁完工的三卷本《经济解释》，融会贯通地提供了一个新而完整的理论架构，示范的实例无数，前无古人，比六七十年代的零散作品高得多了。是从街头巷尾跑出来的。

我选走的路不一样。他们以复杂的理论为起点，假设交易费用是零而把理论简化。我则以简单的理论为起点，加进交易费用而使变化复杂起来。对我来说，经济解释要选走哪一方是明显的。

第七章：经济学要怎样学才对

（发表于二〇〇六年十一月二日
至二〇〇六年十一月三十日）

（本文是不久前在浙江大学、西安交通大学与郑州大学作的讲话，讲题一样，处理与内容略有不同。记忆所及，这里把三次的内容合并，补加不少，有系统地整理一番。）

各位同学：

今天要跟你们谈的是怎样学好经济学，把自己当年的经验择其优而舍其劣，也就是我今天认为经济学应该怎样学才对。首先要说的，是如果你跟着我建议的方法学，在大学考试，或到外地争取什么博士，凶多吉少。我走的是实证经济学的路，着重于理论的实用性，不花巧，写出来的学术文章不一定可以打进今天的国际学报。昔日可以，今天或多或少有点困难，虽然某些学报编辑记得我这个人，可能给个面子。当年在西方发表的文章，今天还有人记得，但在“格局”与思维上，与今天流行的是不同的了。

惊回首老马离群

不容易解释发生了什么事。我的经济学很传统，从亚当·斯密到李嘉图到穆勒到马歇尔到鲁宾逊夫人到凯恩斯到费雪等，我都读得认真。跟着是萨缪尔森、阿罗、施蒂格勒、弗里德曼、阿尔钦、赫舒拉发、布鲁纳、科斯等较为近期的，也读得认真。可以说，一九六五年之前的文献我读得多而透。六五到六九年间，我转攻资料性的读物。一九六九之后，自己不再进图书馆，要什么资料由助手替我找寻。大约一九七二起，我谢绝替学报评审文章。行内朋友找我研讨，懂得一定奉陪。一九八二回港任职后，通讯没有今天那样方便，交谈是减少了。喜欢魂游四方，不熟知我的人不容易跟我交谈。像巴泽尔那种愿意跟着我魂游的行内君子不多。

我认为一个人在求学时要多读他家之作，但当自己进入了创作时期，要重视的还是自己怎样想。我的经济学底子很传统，比今天的新秀传统得多了。熟读传统，有欣赏的也有不欣赏的。选择自己认为可取的发展下去，过程中修改了不少认为有不足之处的前贤之见，而好些认为一无是处的，淘汰了。

这样的发展不是很有意思吗？夸夸其谈的背后，知道自己沧海一粟，多我一个不多，少我一个也不少。一士谔谔地走自己的路，走了三十年，心领神会，对自己的进度是挺满意的。但当我偶尔翻阅今天的经济学报，不容易见到自己熟知的传统。术语好些还是以前的，但看不到传统的思维。新秀们放弃了传统，我则认为亚当·斯密的传统怎样也不要放弃。

百元钞票不见了

回头说自己的经济学着重于实用性，是指解释力，解释人的行为，解释因为人的行为而引起的各种现象。我认为解释现象是经济学的唯一用途，没有其他。福利经济学是废物。不是说不应该关注社会福利，而是任何人都可以是“专家”，不需要读过经济。二百多年来，经济学无法证明，从某甲手上拿了一元，交到某乙的手上，社会福利会改进或改退。

学经济可以协助赚钱吗？可以找到一份较好的工作，或减少受骗的机会，但我没有遇到过一位富豪是经济学家。我自己母亲的投资命中率比我高，但她连书也没有读过，不识字。经济学可以协助政府决策吗？可以解释怎样的政策会有怎样的后果，但如果关心政府会否接受你的建议，不被气死才奇怪。

解释是任何人都可以做的，但这里说的是科学解释（scientific explanation）。一门科学往往由一些没有学过的人想出来。我们是后学，学经济是学经济科学了。科学有科学的规格。任何人接受这规格，同意其中的理论，那么任何人对同一现象的解释，大致上应该相同。物理、化学、生物学都有这样的一般性。这方面，经济学比较麻烦：自称是经济学家的五花八门，懂的不懂的各持己见，忽略了经济科学的规格。施蒂格勒曾经对我说：“如果你说自己是个物理学家，听者会回应：‘物理学我不懂。’不再说下去。但如果你说自己是个经济学家，听者会回应：'经济学吗？我不懂，但我认为……'跟着滔滔不绝。"

其实作为科学，经济在规格上与物理或其他自然科学没有什么不同。方法是一样的，而其可靠性也没有多大分别。后者很多人不同意，认为经济不是一门精确的科学（not an exact science）。他们认为经济学的推断往往模棱两可，或各各不同，没有像物理学那种精确的解释力。

为此我曾经举出一个简单的例子，今天一些美国的教授"盗"而用之，使我高兴。四十年前在美国教学生时，我说："如果我把一张百元钞票放在有行人的街道上，没有风吹，也没有警察，我敢打赌，这张钞票会不翼而飞，不见了。有谁敢跟我打赌？一百博一？一万博一？要赌的请站出来。"这就是了。物理学、生物学、心理学、化学，都无从推断或解释那张百元钞票为什么会不翼而飞。在人类发明的所有科学中，只有经济学可以推断，可以解释，而其准确性与物理或化学等自然科学是一样的。当然，在某些情况下，该钞票可以相当持久地留在地上，正如秋天的黄叶无风自落，但秋风起黄叶却可飘到天上去。

科学与风水不同

“某些情况”的指定是重要的。科学方法称之为验证条件（test conditions），经济学则称为局限条件（constraints）。这就带来推测与预测之分。推测是要指定条件的。条件是真实世界的条件，可以观察到。条件不对，推测的效果往往不同。推测与解释是同一回事。在我指定的条件下，推测百元钞票会在街道上不翼而飞，逻辑说，等于我解释了该钞票为什么会消失。推测是 prediction，是解释，永远有条件。经济推测要指明局限条件，有时不言自明，用不着说出来，但有时不说清楚条件为何听者或读者会被误导。不管条件的推断不是推测，而是预测，forecast 是也。这是看水晶球，或者是看风水。不是科学，但相信水晶球的人甚众。风水先生这个行业有了数千年，历久不衰。

举个例子吧。我称“推断”股市走势的图表派为风水派。什么三角形呀，什么双肩呀，等等，是没有条件指定的。这是预测。从经济学的角度看，预测股市的图表派没有指明局限条件及局限的转变。这是看风水，有人为之发达，也有人为之破产，但人还是人，不少相信，所以风水先生有收入。

科学是没有水晶球的。我懂得的经济学也没有。

理论需要求反证

科学是有法则的，逻辑的法则，科学的方法（the methodology of science）是也。逻辑属哲学系，可能是人类最湛深的学问，深得有点发神经，不主张同学们钻进去。然而，基本的“方法”逻辑重要，尤其是对中国的青年来说，多多少少总要知一点。

我曾经是二十世纪哲学大师卡尔纳普（R. Carnap）的学生，不是入室弟子，但算是得到少林方丈指点过一两手。是二十世纪大名鼎鼎的维也纳学派的思维，在三卷本的《经济解释》的首卷《科学说需求》中的第一章——《科学的方法》——我从经济实证的角度解释过了。写于一九八八年，那章写得称意而重要，同学们要一读再读。说重要，因为那是我知道的唯一的从经济实证的角度论科学方法。科学方法的哲学逻辑走进了象牙之塔，走进了一个圣殿，其中的大师君子不能分身参与实证科学（empirical science）的研究工作。我学了象牙塔内的一小点就跑出来，做了多年的实证研究，然后回顾塔中所学，以自己的实证或验证经验与逻辑哲学互相印证，写成了该章。

该章很长，这里不重述。要说的重点，是科学不是求对，也不是求错，而是求可以被事实推翻。可以被事实推翻但没有被推翻，科学理论就算是被验证认可（confirmed）了。A theory cannot be proven; it can only be confirmed——同学们要记着这句话。Proving 与 confirming 不同，在实证科学中有着微妙而重要的分别。前者是证实了，不可能错，正如数学上证实了的定理。后者呢？以中语文字来说也可说是证实。换言之，验证了是对的，没有错，但验证了的对，还可能错，对了无数次还可能错。可以被事实推翻（可以错）但没有被推翻，英文字是 confirm——还可能是错的证实。文化不同，严格来说，中文没有这个字。

非事实不能验证

我自己在经济科学方法上的主要贡献，是指出与坚持，验证理论一定要用可以观察到的变数。浅得离奇，对得无话可说，但经济学者一般不重视。或者说，他们认为那样浅，是小儿科，没有想深一层，无从验证的却认为是验证了。说什么意图，谈什么意欲，又或者搞什么博弈、什么偷懒出术的，在真实世界看得到吗？不是说人不会博弈，但在观察上我们怎可以知道？我看着一个貌美如花的女人，目不转睛，意图相当明显，但我可没有动手动脚，你怎可以知道我的意图是什么？要以我的行为验证你的理论，你只能说我目不转睛地看着那个女人，因为是事实，可以观察到，而如果换了一个男的，我忙顾左右，也可以观察到，也是事实。如果你发明了一个“异性相吸”的理论，你只能从上述的可以观察到的行为验证。我不认为今天盛行的博弈理论是可取的实证科学，因为其中无从观察的变数太多，不能验证。

一般而言，科学的起点是一些武断的假设，称公理（postulate 或 axiom）。通常不真实，往往抽象。所谓公理，是参与的人不准在公理上争辩。经济学的第一个公理是所有人的行为都是个人选择的结果。跟着的第二个公理，是每个人的所有行为，都是在局限条件的约束下争取最大的利益——

我曾经称之为“自私的假设”——又称局限下争取极大化（constrained maximization）。这就带来一个难题：“极大化”用什么来量度呢？财富（wealth）、收入（income）、盈利（profit）、租值（rent）、功用（utility）——都有经济学者采用。

出自洛杉矶加大与芝加哥大学的传统，我首先淘汰了盈利，因为盈利是意外的收获，逻辑说不可以刻意地争取。行内最普遍地采用的是“功用”，但我个人从开始就避之则吉。这是因为功用是空中楼阁，二百年前由边沁（J. Bentham）想象出来，真实世界不存在。功用是个变数（variable），科学理论往往有无从观察的变数存在。从开始写博士论文起，我知道验证只能靠可以观察到的变数，无从观察的以少为妙。功用不是真有其物，多个香炉多只鬼，可以不用当然不用。

排列法门需要学

话虽如此，同学们对功用的理念是要深入认识的。不需要用，但要知道其中玄机。这是因为功用理论经过多年发展，带来了两方面的重要思维。

其一是以数字排列选择。不管用什么名目来排列，这排列重要，而熟知功用排列的哲理，对极大化的思维有助。其二是近代的功用排列，用序数（ordinal numbers）。序数是以数字分高下，不比较数字之间的差距，也即是说数字不可以加起来。从选择的角度解释行为，选择的排列重要，而从边际转变的角度论选择，我们是不需要顾及数字之间的差距的。

用上功用理论的理念，却放弃了以功用作为量度选择的工具，在经济学行内不止我一人，但恐怕不及一掌之数。我认为功用量度在行内盛行，主要是数学方程式可以写得漂亮。我的兴趣是理论的实用性。真实世界不存在的变数，以少为妙，可以不用不应该用。在从事解释行为或现象的经济学者中，喜欢以功用量度而又用得最出色的，应该是贝克尔（G. S. Becker）。个人认为，贝克尔可以解释的，我可以不用功用方程式也解释得到，而用上功用量度，好些时会中套套逻辑（tautology）之计，高明如贝克尔也不一定避得开。

方程式，方程式！同学们要用我当然不反对，但千万不要因为好看或显得有学问而用之。好看，却比不上流畅的文字。学问吗？有就有，没有就没有，方程式是不能把学问加上去的。同学们要学数，花一两年工夫值得。一般学子没有戴维德或科斯或奈特的天赋，数学于是对思维有助。如果有亚当·斯密的天赋，学数更是多此一举了。

量度极大化，我有时用财富，有时用收入，有时用租值。各有各的方便之处，也各有各的困难。“财富”的困难是要靠利息率的存在，而没有市场则没有利息率。“收入”的困难是秒秒不同，这秒高那秒低，不一定是选这秒的。“租值”的困难是要在特别情况下才可以用。我自己三者皆用，看情况而定，而如果集中于边际转变来处理选择，大有可为：解释行为只需从边际看。这些我在《经济解释》的卷二——《供应的行为》——分析得清楚，这里不说了。在量度极大化这个话题上，于今回顾，当年有三项读物给我深远影响：A. A. Alchian, The Meaning of Utility Measurement; R. Strotz, Cardinal Utility; I. Fisher, *The Theory of Interest*。后者开头的一百五十多页最重要，非读不可。

同学们要花相当长的时间去掌握量度极大化的几种价值选择。不是价（price），而是价值（value）。价是另一回事，属于局限那边，是后话。

经济学重视概念

不能肯定同学们要花多少时日，才能充分地掌握量度“极大化”的几种价值，懂得遇上怎样的问题要选用哪一种。首先是要掌握前文提到的几种价值概念。我推荐了几项读物，而自己的心得都写进了三卷本的《经济解释》的首两卷中。不要轻视这些价值概念。西方的经济学发展了二百多年，到今天，大致上这些概念可取而重要。原则上，这些概念的正确掌握，几个月的功夫足够。困难是不同读物有不同的说法，而不同教授所说的也往往不同。实在太多不懂的人写书或教学了。能通透地掌握价值概念的经济学者不多，而能掌握局限条件（constraints，价值的另一面）的更少。

经济是一门重视概念的科学。可取的理论不多，也不难，远不及自然科学那样湛深，但概念的变化多，一般性大，而概念掌握得稍有差池，简单理论的威力就发挥不出来。这样，从事者逼着把理论搞得复杂，用上“拓扑”等湛深数学。是今天的“主流”吧，但我没有见到这样的文章，对基础概念掌握不足的，能成功地解释现象。同学要掌握正确的概念，但读物胡说，老师不懂，很麻烦。同学们于是要讲一点际遇，明师难求，懂得选择读物是起码的要求了。

说过了，经济解释是解释人的行为，以及人的行为引起的各种现象。亚当·斯密的伟大传统说人的行为是个人选择的结果，我们接受，而加上小孩子也能明白的数学理念，“在局限条件下争取极大化”这个公理就成为新古典经济学的传统。这公理直白，浅的，没有玄机，困难是概念的掌握：极大化的量度价值概念与局限变化的概念。局限是约束，经济学翻为成本、代价、价格等，牵涉到资源、产出的边际下降，而在社会中则要加上最难处理的产权及交易费用。

约束行为的定律

这就带到经济解释的重心所在。所有经济解释都环绕着如下一个问题：某些局限变了，人的行为会怎样变呢？想深一层，人的行为变了，牵一发而动全身，其他局限会变，人的行为又会怎样变呢？社会的整体又如何？本来是简单的学问，一下子复杂起来。

局限有变，人的行为跟着变，但要解释或推断这行为的变动，行为不可以乱变一通，不可以像阿康那种“无定向风”。要解释或推断行为，行为一定要受到约束，而在科学上——任何科学——约束行为的规律就是理论了。经济学的结构是简单的：局限怎样变，人的行为一定会跟着怎样变，而约束这“一定”的规律，主要是那大名鼎鼎的需求定律（The Law of Demand）。经济学有不少定律，或有不少理论，但大部分可有可无，只有需求定律不可或缺。没有需求定律就没有西方经济学，事情就是那么简单。原则上，所有其他经济定律都可用需求定律代替，又或者所有其他经济理论都可从需求定律变化出来。任何理论，不论微观或宏观，某一点违反了需求定律，该理论一定错！所以同学们要学好经济理论，一半以上时间要集中于需求定律。其他的多知一点无妨，但如果同学对需求定律的理解与体会，可以给我打上七十分，其他的理论一概不知也算到位，是个及格的经济学家了。

需求定律说，任何物品，何时何地，价格下降其需求量一定上升。不容许有任何例外，因为如果有例外，理论就不可以被人的行为推翻，无从验证，所以不能解释人的行为。同学们都知道，经济课本说有吉芬物品这回事。吉芬物品是指那些价格下降需求量跟着下降的物品，或价格愈高需求量愈大——这是推翻了需求定律。逻辑说，吉芬物品可以存在，正如逻辑说万有引力可以失灵。这就是困难：如果吉芬物品被容许在真实世界存在，而我们不能事前划分哪些是吉芬物品哪些不是，那么人的任何选择行为都不可能被需求定律推翻，也即是说该定律无从验证，于是半点解释力也没有。所有的经济学概念及其他理论皆要与需求定律挂钩，没有该定律，经济学的整个架构就会倒塌下来。

吉芬被武断否决

上世纪五六十年代时，不少价格理论大师尝试在逻辑上把吉芬物品推出门外，都不成功。我在六十年代搞起了风浪，指出在几个不同的假设下，吉芬物品可以被拒诸门外，但因为用上无从观察的变数，不妥。后来还是接纳了施蒂格勒与阿尔钦的办法，把需求定律作为一个公理（a postulate），武断地不容许吉芬物品存在。一九六六年，在加州长滩大学任教职，我对同事德沃夏克指出，逻辑上，吉芬物品不能在市场成交，只可以在一人世界或永远不交换的物品出现，把他吓了一跳，大叫天才。但既然吉芬物品可以武断地废除，我的天才不值钱。虽如是，三十多年后我还是把该推理写进《科学说需求》的第四章第六节。(这里要向同学解释一点。今天的经济学教科书，吉芬物品一般存在。教科书是为了赚钱，或起码要有出版社收容，否决吉芬物品的存在不容易卖出去。可见一般大学里的教授，对经济解释是没有兴趣的。)

需求量处理困难

回顾平生，在需求定律这个重要话题上，对我影响最大的读物是弗里德曼的《马歇尔需求曲线》(M. Friedman, The Marshallian Demand Curve)。虽然有好几处我不同意其分析，但该文对需求的经济思维实在好，今天的同学还要一读再读。整体而言，需求定律分析得最详尽的，应该是我于二〇〇一年发表的《科学说需求》(《经济解释》卷一)。该卷分析的何谓价、何谓量、不变量的选择、品味不变的假设、消费者盈余、否决剪刀论，等等，大部分不能从其他读物找到。不全是我的发明，而是经过多年从读物及师友间的吸纳，经过自己不断地在街头巷尾找现象印证，左改进右改进，日夕思想到过了退休之年，知道打通了经脉，全盘掌握，毫无沙石，才动笔写出来的。

这里有一个要点——非常重要而又头痛的——同学们要注意。这是需求定律（或需求曲线）所说的需求量（quantity demanded），是一个无从观察的变数（variable），真实世界不存在。我们可以观察到的变数是成交量（quantity transacted），不是需求量。需求量是一个意图之量，是经济学者想象出来的，不真有其物。于是，经济学分析的短缺（shortage）或剩余（surplus）都是空中楼阁，真实世界不存在，靠这些理念作经济解释不可能不是废物。

我说过，一个假说（hypothesis）的验证必定要用上两个或以上的可以观察到的变数，但理论的起点往往要用无从观察的变数，然后通过逻辑，推出可以观察的变数才能作假说的验证。这样看经济分析，可以避免的话，无从观察的变数愈少愈好。需求定律中的需求量无从观察，但这定律不可或缺，所以需求量是经济学中唯一的我不能不接受的无从观察之物。处理经济解释的一个重点，是要懂得怎样把真实世界没有其物的需求量（一个概念上的变数），按着逻辑的规格，带到可以观察的成交量或其他现象那边去。《科学说需求》的第六章对这个问题交代过、解释过怎样处理。

以为需求量可以观察到，或以成交量作为需求量的研究分析，无数，都是废物。

不识世事难杰出

凯恩斯曾经说："比起其他科学，经济学困难吗？不难，是容易的学问，但杰出者甚少。"我同意这判断。凯氏认为经济学难以杰出，因为某程度上从事者需要是个哲学家、史学家、数学家、文学家、艺术家……周身刀的。这观点我不一定同意。我认为经济学难达大成，主要是概念不容易掌握，理论太多，搞得太复杂，而最大的困难是从事者对真实世界知得少，知得太少了。像戴维德、科斯那种人，不懂或不用数，理论知得不多，但他们对基础理念有充分的掌握，对世事知得多，足够。

我们不需要有这些大师的天赋才可以达到师级的层面，但要懂得学习的方法。我自己走过不少冤枉路，误入歧途好几次，可幸及时惊觉，回头是岸，再走。尝试又尝试，终于找到自己的路，打上去。教同学，我只能把自己的经验申述一下。

掌握架构第一步

我认为重要的起点，是入门者要知道经济学的基础理论架构，跟着是掌握这架构中的概念与简单理论。有了基础，不妨尝试比较复杂的理论。天赋奇高可以不管复杂的，但我的经验，是猛攻一阵复杂的，再回到简单的基础会有新的理解。三十岁前，我来来回回好几次，到三十五岁，知道基础架构的掌握充分，概念的理解通透，就再不管复杂的理论了。

这架构就是前文说过的：一、人的行为是个人选择的结果；二、选择的第一个公理，是在局限下争取个人利益极大化；三、量度极大化的价值概念与局限概念皆重要，掌握不能有差池；四、局限转变引起的行为转变，要受到约束，而这约束主要是需求定律。

局限要翻为代价

这就带来我个人认为是经济学最难处理的地

方。局限转变带来的行为转变，要受需求定律的约束。需求定律是约束价格的转变与需求量的转变。因此，要解释行为，任何局限转变，处理的人必须或明或暗地把局限的转变翻为一个价的转变。不容易。更头痛的是，很多行为不通过市场，需求量不一定是市场成交的物品。可幸的是，需求定律的用途，不限于市场物品。任何有价值的物品这定律都可以用，包括声誉、友情、信仰等。不在市场成交，没有市价或价格，用需求定律可以不用市价。非市场的物品，价格变为代价，也即是成本了。

"成本"是cost的中译，不大正确。较佳的译法是"机会成本"，有点不妥，因为经济学没有不是机会成本的成本。最好的译法应该是"代价"，但说"生产代价"中文不容易接受。比起其他科学，经济学是格外重视概念的，而其中最难掌握得好是成本的概念。懂得把任何局限转变翻为成本转变，也即是翻为代价转变，需求定律的运用就过了最困难的一关。可以相当复杂：一项局限的转变可以牵涉到好几方面的需求，因而牵涉到好几方面的代价转变。学而时习之，熟能生巧，我自己到四十岁后，得心应手，任何局限转变，想到与某方面的需求有关时，代价的升升降降立刻知道。

《经济解释》的卷二（《供应的行为》）对成本有详尽的解释，而卷三（《制度的选择》）分析产权与制度，带到社会成本（代价）那方面去，也说得详尽。同学要注意，有些价值，可以倒转过来看为成本，例如租值。又例如利息是收入，转换角度可以作为成本看。三十年前，与老师阿尔钦研讨某话题，书信来来回回好几次，其中一次我写道："利息不是成本的局部，而是成本的全部。"（Interest is not a part of cost, but the whole of cost.）他回信大赞，显然认为我学满了师。

成本的正确概念本来就不容易掌握（见《供应的行为》），而加上产权问题、交易费用、非市场物品等，"成本"或"局限"的转变来得更复杂了。然而，要通过需求定律来解释人的行为，我们一定要把局限的转变翻为价或代价的转变。要记着，凡是转变，不管是代价还是行为，一定是"边际"的，所以解释行为或现象要从边际转变的角度入手。这又带到序数量度或排列选择给我们的方便了。那些批评交易费用难以量度或无从量度，因而没有用场的众君子，是经济解释的门外汉。

转向世界看边际

有一件事不妨一提。杨小凯曾经批评我不懂得边际分析，但巴泽尔却说边际分析我用得出神入化。二者有冲突吗？不一定。小凯是搞数学经济的，没有作过实证经济研究，从始至终停留在象牙塔内。我是搞实证研究的，数学的边际分析只学几天就认为足够（考理论当年永远第一），早就跑出象牙塔，走到真实世界中，落手落脚地搞起来。在真实世界看边际转变，可以小若沙尘，可以巨似泰山。数学的边际分析与验证的边际处理是两回事。

这就带来我要说的实践经济学的重点。要解释行为，局限的转变不可以子虚乌有，其转变一定要有可以观察到的事实支持，而如果交易费用等转变不容易一分一毫地量度，以序数排列转变的或大或小有可为。然而，局限转变不易体会，翻为一个价或代价的转变也困难。可以做到，不易。这里要说的重点，是处理真实世界的局限转变，一般不是一个市价转变那么简单，绝大部分不可能从课堂上学得，也不是博士之后坐在办公室内可以知道。同学们从开始学经济时就要走到真实世界去，在街头巷尾到处跑，好奇地观察，不断地试行以学得的简单理论解释，即是要试行推出假说，然后把观察到的现象作验证。要多做，甚至天天做，开头会觉得经济理论没有什么解释力，但坚持下去，“破案”的实例会愈来愈多，过了几年会觉得复杂的世界一般有简单的理论解释。

漠视实情的尴尬

是难以自圆其说的现象。所有实证自然科学，不管是物理、生物或化学，学生从中学起就要做实验室工作。经济也是实证科学，但就是进入了大学也没有实验室课程。真实世界是经济学的实验室，大家生活在其中，但大学的教授可没有规定学生要到处观察，不断地试行解释，而那些所谓“实验”课程，只不过拿着些不知怎样弄出来的数字，做些什么统计分析。

一个真实的故事支持我的投诉。二十世纪的价格理论大师施蒂格勒（G. J. Stigler），是鲁宾逊夫人（J. Robinson）之后的高举以不同的需求弹性系数解释价格分歧（price discrimination）的专家。有一次，在芝加哥大学研究院教价格分歧时，施蒂格勒说："我们不可能在一间商店内，同时同地，同样物品，找到两个不同的价格。"一位坐在课室后排的同学，举手说："就在校园邻近的那间电影院，说明普通人入场二元二角半，学生一元二角半，同院同时间，电影一样，座位是先到先选的。"施蒂格勒无法回应，在讲台上行来行去，行了几分钟，突然大声对该同学说："告诉你吧，今天晚上我会把该电影院烧掉！"

同学们都知道，在任何顾客可以讨价还价的商店内，价格分歧是必然的效果。拿得诺贝尔经济学奖的施蒂格勒怎可以不知道呢？事实上，一九八三到八五，连续三年的年宵我带学生到香港的街头卖桔，试行价格分歧，因而知道，虽然不同弹性系数在逻辑上支持价格分歧的行为，但实际上不同顾客有不同的讯息费用，也有不同的讨价还价的时间成本，而这些局限的不同，对价格分歧的决定性比弹性系数的不同重要得多。

一篇今天还很大名的文章，写于七十年代后期，三位作者在原稿中举出石油运输的例子来支持他们的理论。他们说："石油公司拥有自己的输油管，不租用，但运油船却租用，不拥有。"我当时是几家石油公司的顾问，写信给作者，说："所有石油公司都拥有自己的油船队；租用输油管在行内盛行。”文章发表时，三位作者只取消了石油运输的例子，原文的理论假说不改！这等于施蒂格勒把电影院烧掉了。捆绑销售是大题目，没有一个作者真的知道是怎样的一回事。全线逼销也精彩，但除了区区在下，没有经济学者知道这种逼销只限于生产商或批发商与零售商之间，而且一定是短暂的。“讯号经济”（signaling）也是曾获诺奖的题材，其理论却解释不了最明显的有关现象：玉石原件出售，购买者要看石皮而猜其内——卖家不把原件切开，增加了讯息费用。睁大眼睛看世界，“讯号经济”这项胡闹经济题材不会存在。

真实世界的现场观察与探讨，是经济学最有趣的地方，也是对经济解释帮助最大的。二百多年前，亚当·斯密是这样搞起经济学的。同学们要回到斯前辈的传统去。

传统有憩息之所

执笔写这最后一节时，弗里德曼谢世几天，而再几天我七十一岁了。光流水逝，岁月无情，今天的经济学已经不是弗老和我熟知的传统了。回顾西方的经济学发展，奇怪地发现，可以憩息或流连一下的、有整体架构的作品，大约三四十年出现一次。武断地排列，可举亚当·斯密的《国富论》（A. Smith, *The Wealth of Nations*, 1776），李嘉图的《政治经济学及赋税原理》(D. Ricardo, *On the Principles of Political Economy and Taxation*, 1817)，穆勒的《政治经济学原理》(J. S. Mill, *Principles of Political Economy*, 1848)，马歇尔的《经济学原理》(A. Marshall, *Principles of Economics*, 1890)，鲁宾逊夫人的《不完全竞争经济学》(J. Robinson, *The Economics of Imperfect Competition*, 1933)，弗里德曼的《价格理论》(M. Friedman, *Price Theory*, 1962）等。我自己的三卷本《经济解释》二〇〇二年完工，与弗老之作刚好相隔四十年，是传统的时距，但因为用中文动笔，能否成为"憩息"之所恐怕要多年后才知道。不是没有机会的。一脉相承，《经济解释》是"古文"，虽然大手改进与补充了，但没有自立门户，有传统的支持。另一方面，读经济的中国学子实在多，人多势众，说不定其中有兴趣的会把我的思想发展下去。

乐观地看，虽然那三卷本还没有在内地出版，但学子从网上打印下来阅读的无数，而好些大学已经指定为需要的读物了。悲观地看，虽然从传统发展出来，但今天的“主流”脱离了传统，与我主张的学问格格不入。我不想在这里批评我知得不多的新潮学问，但认为如果经济学者对解释世事再感兴趣，他们总要回到我这边来——真理站在我这边。

与自然科学有别

不容易明白发生了些什么事。十多年前与一些年轻的经济学教授倾谈，或接见一些求职的经济学博士，我发觉没有一个读过马歇尔！想来他们的老师也没有读过。是自然科学的不良影响吧。自然科学，学理论要学今天的，不用管前人怎样说。四十五年前做学生时，经济老师也对我说过类似的话。后来到了芝加哥大学，身为价格理论大师而又是经济思想史泰斗的施蒂格勒，说研究思想史只是为了兴趣，理论学今天的算了。

问题是虽然科学方法相同，经济学与自然科学很不一样。前者，实际可用的理论不多，说来简单，但千变万化，基础不容易掌握得通透，而略有差池，变化就不容易搞上去。搞经济分析主要是搞变化。以我之见，当我们说前辈经济大师错了，主要因为概念拿不准，变化搞错了。但某变化错，不等于所有变化皆错。好比李嘉图，今天不少学者认为，除了比较优势定律，李前辈的其他理论全盘皆错。真的吗？三十年前我写知识产权与发明专利，就用上众人皆说是错了的李嘉图的“差别租值”（differential rent）理论（见《张五常英语论文选》，五八二至五八九页），巴泽尔识货，频呼精彩。又好比 Cournot 的双头竞争（duopoly）理论，一般学者早就认为过了时，不中用。一九六九年我推出公海渔业的租值消散理论，同事们无不哗然，说天才了得，可惜赞声未了，自己却发现该理论是 Cournot 的双头竞争的另一个版本（见《张五常英语论文选》，一八二至一九〇页）。

经济学要用简单的理论来解释复杂的世界。这样看，简单的理论要搞出精彩的变化来。像亚当·斯密、李嘉图、穆勒、马歇尔等人，其天才不会在弗里德曼之下，比起今天的经济学新秀，相差何止八千里路云和月！是我之幸，懂得佩服天才，所以当年拜读前贤之作，懒得管是对是错，只跟着他们的变化思维，跟着他们想。后来学满了师，放胆地走自己的路，把前辈的分析修改得近于面目全非，意之所之地加进自己想出来的变化，大部分来自街头巷尾的观察给我的启发。但因为传统不变，今天我还是个古人。

从简单搞出变化

同学们读三卷本的《经济解释》，要注意到我刻意地淘汰了所有我认为用场不大的复杂理论，集中于把简单而又不可或缺的，在变化上发挥。我认为只有这样，同学们才有机会可以不拜读古书而还能学得一些经济解释的法门。不是说古人之作不需要读了，但投资成本高，而在漠视传统的“新潮”下，要求同学拜读李嘉图，甚或近如马歇尔，很有点苛求。

我的《经济解释》坚持验证假说要用上可以观察到的变数，对均衡理念提出一个新阐释，需求定律从头用到尾，从价格到利息到成本到租值等概念，翻来覆去地陈述，而何谓“量”的多种变化，也是不停地变下去。最重要的改进，是加入了交易费用，从而引进当年我创立的合约安排的选择的分析。这改进幅度很大，同学们恐怕一下子不容易接受，因为从合约的角度看市场，产品市场与生产要素市场不容易分开来。

传统的价格理论，或不大正确地称为微观经济学的，集中于资源使用与收入分配这两方面。制度何物要不是胡说八道，就是作为另一门学问看。引进交易费用作为无可避免的一种局限，所有制度上的安排都是因为交易费用而起，而资源使用与收入分配再不能独自处理，要与制度的选择一起看。亚当·斯密当年知道要这样看世界才对。但跟着的发展，为了理论的处理需要简化，经济学者在有意或无意间假设交易费用是零。再后来搞出笑话：以 Walras 为首的一般均衡理论分析，因为明确地假设拍卖（交易）费用是零，逻辑上不仅不可能有生产要素市场，产品有多少种类根本无从界定，而严格来说这样的世界是不会有任何市场的。方程式好看，内容空洞，半点解释力也没有，Walras 与追随者搞的是艺术作品，科学怎样也谈不上。

上述的发展与我选走的路不一样。他们以复杂的理论为起点，假设交易费用是零而把理论简化。我则以简单的理论为起点，加进交易费用而使变化复杂起来。对我来说，经济解释要选走哪一方是明显的。

学问有优劣之别

自《经济解释》完工后，不少同学要求我继续写宏观经济。然而，我掌握的经济学，没有微观与宏观之分。永远起于个人的选择行为，局限下争取极大化，要受到需求定律的约束。看社会整体就是宏观，我们要懂得怎样把社会成员的个别行为加起来，从而达到一个经济理论可以推断的整体效果。至于一般人认为是宏观经济的数字，例如通胀、失业、经济增长等，这些年我的推断比一般的“宏观”大师准确，准很多——我的加法显然比他们的加法高明。就是没有深入地学过的货币“理论”，这几年为了人民币汇率的困扰，我提出的货币观也比较优胜。可见经济学就是经济学，有优、劣之别，却没有微、宏之分。

起自凯恩斯的宏观经济学搞得差劲，有两个原因。其一是从事者对价格理论的掌握不足，于是，加上去作宏观加得不对。凯氏无疑是天才，但他对价格理论一知半解，四十多年前读他的《通论》时我就这样说。今天看，大部分的宏观学者恐怕也要补习一下。其二，像传统的“微观”那样，宏观学说忽略了交易费用与合约安排的选择。这失误对“微观”已有大害，对宏观更显得是灾难性了。

中国的经验支持我的看法。九十年代中期，朱镕基把急速通胀控制为零，跟着有通缩，而考虑到物品的质量急升，这通缩很严重。当时内地的房地产价格暴跌。一九九七年春天，几位来自北京的智囊朋友到深圳问我意见，说中国的发展看来要完蛋了。我说：“会完蛋的是香港，你们吉人天相，内地还会继续高速增长的。”中国的制度与西方的不同，怎可以用西方的不管制度何物的宏观理论来推断中国呢？发神经！后来香港得到北京协助（可以看作当年香港协助内地改革的回报），死不掉，但这是政治，我的推断可没有算进去。

科斯认为西方的经济学发展入了歧途，无可救药，希望我能为中国的学子设想一下，救一救。本来是在三间大学的讲题，简略而又是没有准备的。想到科斯的话，一连五期，我用心地写了一万三千多字。

附录：米尔顿·弗里德曼

他是还会站在那里的

——悼弗里德曼 （发表于二〇〇六年十一月二十一日）

没有谁不希望他长生不老；没有谁不知道哀伤的一天会来临。凌晨五时电话铃响，我感受不好。是自己太太的声音，更不对头。“什么事？”“米尔顿去世了。”静寂了好一阵，太太说：“你的朋友都要知道你怎样想。”早一天她飞到上海去办点事。

消息来得有点突然。两星期前我们还跟米尔顿通信，他还是那样清晰。五年多前在他旧金山的家相聚，我说他的智力还高人几级。他说：“史提芬，不要说言不由衷的话，教了你那么多次还不记得。你不可能不知道我当年是怎样的。”我当然知道。认识弗老时他五十出头，行雷闪电，如神似鬼。二十多年后带他畅游神州，相聚了两个星期，感受上他的思想依然不凡，但没有把我吓得要命，不知是我有了长进，还是他缓慢了下来。当时他七十六岁，做过两次心脏大手术，对我说：“史提芬呀，思想是脑子运动，跟任何运动一样，几天不思考脑子会退化。”弗老乐天知命，但岁月无情，五年前的他，与四十年前的神鬼说不可同日而语。

我不想在这里说弗老在货币理论上的贡献，或比较重要的在价格理论上的贡献，或更上一层楼，说他对人类自由作出的贡献。众所周知的事不谈算了。外人不知，但今天行内还活着的古人，都知道弗老曾经是二十世纪的一个统计学天才，也不用多说。说长少之交，说教导之恩，说一点温馨的回忆吧。

我结婚是由他老人家穿上哥伦比亚大学的博士袍主持婚礼的。他的太太罗丝代表着我卧病在床的母亲。婚礼天下独有，历史没有出现过。请柬由张滔设计。这个鬼才拿着莫札特歌剧《费加罗的婚礼》当年的广告，照办煮碗，男女主角改了名字，而导演变为弗里德曼。阿尔钦收到请柬后，给我电话，夸夸其谈，说整个洛杉矶加州大学的经济系，只有他一个是天才，解通了那广告是结婚请柬。

婚礼在我亲自设计建造的园林中举行。你道弗老说什么？他说：“今天的婚礼史无前例。结婚的一个是佛教徒，一个是基督徒，而我是犹太人。我说你们结婚就结婚！”亲吻我的太太后，转向我说：“你吗？我不吻！”这是弗里德曼，言出由衷。

去年我七十生日，广州周燕提到我教她在学术上不能说半句假话时，声色俱厉，使她有点怕，而长沙朱锡庆则说因为我永远不说假话，使他有恐惧感。是弗里德曼对我的影响，希望会在中国传开去。衷心话不容易说。形势所逼，灵魂之价要下降时，我会想到弗里德曼，于是把心一横，哪管给人家杀了，说自己相信的。弗老比我高明，他笑口常开，要杀你时先说：“对不起，我恳求不同意……”我可没有这种礼貌与耐性，会说：“蠢到死！”也是言出由衷，但众人皆欲杀矣。

十七日清晨太太打电话给罗丝问候。我却要拨好几次，接通已是我们的中午时间了。罗丝很安详，九十多岁，记忆好，说话清晰，仿佛是四十年前我认识的她。跟她谈了一阵弗老对中国的贡献，对她说中国的市场比美国的还要自由。她高兴，说中国的经济奇迹她听到很多。

弗老谢世，整个地球给我有轻微地震的感受。美国的媒体不断广播，加拿大的姊姊来电话，说那里也播个不停。一位同学把我写过弗老的十多篇文章放到网上去，扩散开来，中国青年的反响感人，一些说要学弗老做人，一些要把他的思想发展下去。

我们不容易想象一个比弗里德曼更伟大的人生。生于一九一二，他度过的日子是人类历史上最具争议性的大时代。科技猛进，战争无数，什么主义都出现过。上苍有眼，看中了一个长得不高的人，把所有应付这些大争议需要的天赋都给了他。他于是站起来，寸步不移地为人类的生活与自由辩护，到死为止。

二十世纪的主义之争，不是因为弗里德曼的存在而起，但却因为他的存在而消散了。他站在那里没有谁不知道，我想，既然大家知道，他会永远地站在那里的。

弗里德曼的学术贡献

（发表于二〇〇六年十二月七日）

一个幸运的人免不了有些不幸的地方。上苍给予弗里德曼的天赋，可与数十人摊分还高人一等，而作为一个经济学者，他的国际声誉早晚会超过凯恩斯吧。他的不幸，是这声誉把他的学术贡献掩盖了。纯从学术的角度看，更不幸的，是他在政策建议上花时间多，学术贡献的减少是代价。

千万不要误会。从人类整体的利益看，弗老选走的路没有错，而我也没有说他的学术贡献不大。很大的。但如果你知道他的学术天赋是在哪个层面，而又知道他的精力超凡，你可能会像我那样，为学术的损失感到可惜。有时我想，如果五十年代的弗里德曼继续他的价格理论研究，继续集中于解释现象，今天的经济学发展不会使科斯、贝克尔、布坎南等人那样失望，而我也用不着那样劳气了。

学术上，弗老的最大贡献是在价格理论那方面，可惜他只下了几年功夫。一九四八年与J. Savage合著的关于风险的功用分析，解释为什么一个人既买保险，又进赌场。有争议，但无疑是大师手笔，重要地影响了后来金融学说的发展。我的一位师兄把该文的一条曲线切一半，倒转过来，分析投资理论，拿得诺贝尔经济学奖。一九四九年弗老独自发表的《马歇尔需求曲线》，我读得惊心动魄。好几处我不同意，但思维那么深入，变化那么精彩，叹为观止，佩服由心底里发出来。

弗老在价格理论上的最大贡献，是一九六二年出版的《价格理论》一书。这本书是他在课堂上的讲话，两位学生写下笔记，再由他老人家修改一下。早一年，学生笔记的原本我在黑市买下来，非法非法，只能偷偷地读，因而知道，一九六二出版的正规本修改不多。

这就是问题。笔记简略，修改了也应该远不及弗老自我发挥地从头写到尾。这带来两方面的不幸。其一是在价格理论上，弗老的思维究竟达到哪个层面没有人知道；其二是该笔记本不够详尽，于是湛深难明。后果是弗老的价格理论在学术界的影响不大。

我可能是唯一的把该笔记本读得纸碎翻飞然后发展下去的人。只一个例子可以说明简略的湛深有大代价。笔记第五章写成本与供应曲线，最后说：一个垄断产出者面对的需求曲线，是他的平均成本曲线。有些人说发神经，有些人说打错了字。我把该章读了无数次，知道这看法精彩绝伦，不可能错，因而知道盈利（profit）只可能是风落

(windfall)的结果，知道 profit theory 在逻辑上不能成立，知道租值是成本，也知道租值的理念重要，要再作阐释。

在三卷本的《经济解释》中，为了全面阐释租值，我从亚当·斯密说起。这是弗里德曼的影响了。需求定律的变数与不变数的处理，我杀出重围，与弗老的处理不同，但明显地得到他的启发。至于我后来在捆绑销售、全线逼销与市场多种价格安排的分析，阿尔钦的影响外，主要是弗老的笔记本后面提出的问题。是一本奇怪的书。书后提出的所有问题，书中完全没有提供答案。这些问题是当时芝加哥大学的午餐话题，是戴维德的兴趣所在。当时我在洛杉矶加州大学，考博士理论，类似的问题常见，于是跟进。当时我知道，要考个第一，博士理论试不需要答得对，但要有深度。捆绑销售与全线逼销等的正确分析，多年后我才在《经济解释》写出来。

弗里德曼的价格理论走亚当·斯密与马歇尔的传统，其贡献主要有两方面。其一是比起马歇尔，他把价格理论提升了一个层面。这是希克斯、鲁宾逊夫人等大师做不到的。层面升了一级，“欲穷千里目，更上一层楼”，扩阔了我们的视野。得到阿尔钦与弗里德曼的启发，加上在街头巷尾跑了三十年，我写《经济解释》是意图把价格理论再提升一个层面。弗老的第二项贡献，是他永远重视理论的内容。他认为 Walras 的一般均衡理论是没有经济内容的。走马歇尔的路，没有经济内容的数学方程式他从来不用。我自己呢？加上阿尔钦、戴维德、科斯等人的影响，想通了内容我很少用数。然而，坚持理论要有经济内容，我主要是得到弗老的提点。

五十年代中期起，弗里德曼再不染指价格理论了（六二年发表的是旧笔记）！他一九五七年出版的《消费函数理论》那本小书，是转到宏观与货币研究的导火线。弗老曾经对我说，该书是他平生的最佳作品。那称为"固定收入假说"的其实很简单，从费雪的《利息理论》变化出来，这里不细说了。困难是怎样用资料数据来验证该假说。简单的理论，逻辑说得通，证实往往难于登天。这一次，史无前例的一次，弗老施出浑身解数，把当时行内早就惊为统计学天才的本领表现无遗。一九六三年我拜读该小书后，信服经济是一门实证科学，选择了自己要走的路。

六十年代初期，货币理论的大争议搞起了火头。当时我是洛杉矶加大的研究生，替另一位货币大师布鲁纳（K. Brunner）做研究助理，知道弗里德曼是主角。六七年到了芝大，那里的"货币工作室"已经名满天下。由弗老主理，是"封闭室"（closed shop），意思是除了教授，不提供文章的不能参与。从六七到六九我在芝大的两年间，弗老对货币的思想集中，同事之间提到都是你看我，我看你，无话可说。

弗老对货币理论的贡献有多大呢？要看你怎样算。他和安娜·施瓦茨（Anna Schwartz）合著的《美国货币史》（连资料两巨册），重复又重复地解释了美国当年的经济大萧条，归根于政府（尤其是联邦储备局）的处理失误，且失误频频。无疑是学术研究巨著。然而，我却怀疑，虽然题材重要，应不应该花那么多的时间与精力呢？是一个天才的精力，多花一点在价格理论上不是较好吗？这一点，我这辈的经济学者朋友大都这样想。

至于弗老在币量理论（quantity theory）上的贡献，是费雪方程式的伸延。好是好，天才是天才，可惜脱离了本位制后，货币何物是大难题，而这难题愈来愈头痛了。想想吧。电讯发达，从香港汇钱到美国去，不管多少，只几秒钟。这使传统的货币分类变得模糊了。再想想吧。地球一体化，任何一个开放国家可以用任何货币作成交或财富积累。对通胀及有关的话题，币量从何算起呢？

一九九五年，美国的另一位货币大师麦萨尔（A. Meltzer）到香港找我倾谈。是我的师兄，相见甚欢。此君信奉弗老的币量理论，是第一个提出单是调控银根可以调控币量的人。在那次倾谈中，他表示对币量理论有怀疑。当时美元的币量大幅急升了，但通胀不回头。我的解释，是九一年波斯湾之战后，举世增持美元。

弗里德曼支持的美国货币制度，显然不妥。数十年来，唯一弗老认许的联邦储备局主席格林斯潘，任内利息率大幅地轮上轮落，轮了八次之多。可取的市场运作，实质的利息率应该与市场投资的回报率看齐。我们没有任何理由相信市场的投资回报率也是这样轮上轮落的。因此我认为，美国的货币制度有很大的不足之处。

脱离了本位制后，弗老认为一个大国的货币不可以下一个固定的锚。曾经问他为什么不可以用一篮子物品为锚，他说原则上可以，但费用太高。当时他和我可没有想到，后来朱镕基推出的中国货币制度，也是原则上，货币可用一篮子物品为锚，而政府是不需要提供这些物品的。弗里德曼的影响看来太大了：北京不知道自己执到宝！